KB071527

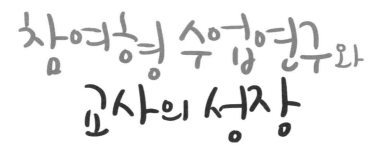

천호성 편저

전수환 · 김미자 · 이병인 · 이동남 · 김현경 · 유승원 · 양미혜 · 김길수 공저

학지사

머리말

나는 초등학교에 입학한 후부터 지금까지 의무복무였던 군대생활을 제외하고는 학교를 떠나서 생활해 본 적이 없다. 지금 일하는 곳도 학교이기 때문에 지금의 직장을 떠나지 않는 한 적어도 내 삶에 있어서 학교는 일생 동안 나와 함께해 온 그리고 앞으로도 함께해 가야 할 내 인생의 전부나 마찬가지다.

많은 사람들이 십수 년 동안 학교를 다닌다. 학교는 자신의 성장과 함께 어떤 이에게는 희망을 만들어 가는 곳이며, 또 어떤 이에게는 꿈을 키워 가는 곳이기도 하다. 그런 학교가 지금 위기에 처해 있다. 대한민국의 교육이 지금 몸살을 앓고 있다. OECD 국가 중에서 학생자살률 세계 1위라는 오명과 함께 인간의 성장과 행복이라는 교육 본래의 길에서 이탈하여 허우적거리는 대한민국의 교육현실을 보면서 평생을 학교와 함께 그리고 교육과 살아온 나에게 부끄러운 마음으로 다시 되묻는다. "교육이란 무엇인가? 학교란 무엇인가?"

교육이 잘되고 학교수업이 제대로 이루어지고 있다면 학교와 교실은 더 즐겁고 행복한 사람들과 그들의 웃음으로 가득한 모습이 되어 있을 것이다. 그러나 안타깝게도 지금 대부분의 학교와 교육현실은 그렇지 못하다. 입시와 경쟁 중심의 숨 막히는 교실 안에서 손대면 톡 터져 버릴 것처럼 부풀어 오른 풍선과 같은 아이들의 상황은 때로는 폭력으로, 때로는 일탈행위로 이어지고, 급기야는 등교를 거부하는 모습으로 나타나기도 한다. 아이들은 지금 결코 행복하지 않다. 폭력으로, 자살로 아우성치며 절

규하는 아이들의 목소리가 메아리처럼 퍼지고 있는 지금의 상황을 반추해 볼 때, 작금의 학교는 공교육으로서 제대로 기능하고 있다고 말할 수 없다.

가정의 빈부 격차는 성적의 격차로 그대로 이어지고 있고, 친구들은 함께 성장하고 배워 가는 협력의 대상이 아닌 경쟁의 상대로 전락해 버렸다. 그토록 치열한 경쟁을 뚫고 대학에 가더라도 학생들은 온갖 다양한 스펙 쌓기에 여념이 없으며, 그나마 졸업 후에는 백수의 길로 내몰리는 팍팍한 현실의 연속이다. 문제는 이러한 상황이 해를 거듭할수록 해결의 실마리가 보이지 않은 채 더욱 악화되고 있다는 데에 있다.

우리 사회도, 그리고 학교도 이제는 많이 달라져야 한다. 오랫동안 학교교육과 함께하였고, 또 교사를 양성하는 교육대학교에서 수업과 연구를 해 오고 있는 나는 지금 학교교육의 위기와 마주하며 "교육이란 무엇인가? 학교란 무엇인가? 수업이란 무엇인가?"라는 해묵은 물음에 다시 해답을 찾아 나서야 했다. 그리하여 아이들에게 교육이라는 이름으로 주어지는 불행과 고통으로부터 해방시키고, 더 좋은 학교교육을 통해 아이들의 행복한 삶을 만들기 위해 고민하는 많은 선생님들에게 작은 희망의 불씨를 전하고 싶었다.

이 책은 '자연을 닮은 행복한 교육공동체' '성공한 사람보다 행복한 사람을 만들자'는 교육신념을 바탕으로 필자와 함께 '참여형 수업연구'의 실천과 도전을 통해 1년간 고민하고 도전해 온 전라북도 정읍시에 있는 수곡초등학교 선생님들의 수업실천 결과물이다. 또한 학교현장에서 교육의 본래적 의미에 대해 고민하면서 아이들의 진정한 성장과 배움을 위한 수업혁신과 연구수업의 실천을 통해, 교사들과 그 해답을 찾아 나선 발자취이기도 하다.

이 책에 제시되어 있는 것처럼, 필자와 수곡초등학교 교사가 함께 수업분석을 통해 협동적인 문제해결 방안을 찾아가면서 고민했던 내용들이 때로는 혁신학교라는 이름으로, 때로는 수업혁신이나 수업연구라는 이름으로 고민하고 있는 많은 교사, 수업연구자, 장학사, 수업 컨설턴트 등 수업과 관련된 많은 사람들에게 작은 길라잡이가 될 수 있기를 희망한다.

끝으로 때로는 환한 웃음을, 때로는 성장통을 보여 줬던 수많은 수곡초등학교 학생들, 자신의 문제의식을 기반으로 수업 공개를 해 주시고 늦은 밤까지 협의와 토론에 참여해 주신 선생님들, 그리고 옆에서 이 과정을 꼼꼼하게 기록해 주신 학부모이면서 혁신학교 도우미인 선생님, 이런 분들이 없었다면 이 책은 감히 세상에 나오지 못했을 것이다. 수곡초등학교 학생들과 모든 선생님에게 고개 숙여 감사의 말씀을 올린다. 아울러 출판에 도움을 주신 학지사 관계자 여러분께도 진심으로 감사드린다.

2014년 7월
자연을 닮은 행복한 학교를 꿈꾸며
편저자 천호성 씀

차 례

제6장 **무엇으로 우리 아이들의 배움과 성장의 벼리를 삼을까? 121**

❖ 이병인

제9장 따뜻한 손을 가진 선생님이 되련다   203

❖ 김현경

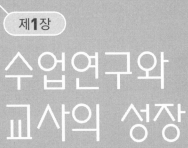

제1장

수업연구와
교사의 성장

✤ 천호성

수업연구와 교사의 성장

❖ 천호성

1. 학교와 교사의 역할

⏻ 공교육으로서의 학교

❝ 학교는 성공한 사람을 만드는 곳이 아니라
행복한 사람을 만드는 곳이다. ❞

'학교란 성공한 사람을 만드는 곳이 아니라 행복한 사람을 만드는 곳'
이어야 한다. 이것은 학교교육에 대한 필자의 가장 중요한 교육철학이기
도 하다. 솔직히 말해 지금까지의 학교교육은 성공한 사람을 만들기 위한
전초기지와 같은 곳이었고 또 학교가 그런 역할을 주로 해 온 것도 사실이
다. 이러한 교육상황 아래서 학생들은 진정한 성공의 의미가 무엇인지 그
의미를 제대로 알지도 못한 채, 부모님의 강요와 교사들의 주입식 교육과
함께 정신없이 앞만 보고 달려왔다. 특히 학교교육에서 대학입시는 모든

것을 집어삼키는 블랙홀이 되어 버렸고, 대학에 가더라도 학생들은 온갖 스펙 쌓기에 여념이 없고 시간과 돈을 낭비하는 등 오늘날 교육을 둘러싸고 벌어지고 있는 부작용은 상상하기조차 어려운 실정이다.

요즈음 대학을 졸업하고도 취직하기가 하늘의 별 따기만큼이나 어렵다고 한다. 대기업 지원이나 공무원 시험에 수만 명이 몰리는 상황에서 대기업에 입사하거나 공무원 시험에 합격한 사람들은 우리 사회에서 이미 성공한 사람들로 평가받는다. 그러나 성공한 사람이 반드시 행복한 삶을 사는 것이라고 단정할 수는 없다. 남들이 인정하는 성공한 삶은 아니더라도 포기하지 않고, 주어진 상황에서 꿈과 희망을 만들어 가며 스스로 행복한 삶을 만들어 갈 수 있다면 이것이 실패한 삶이라고 누가 말할 수 있겠는가? 대학 졸업과 함께 자신의 길을 찾지 못하고 방황하고 있는 수많은 젊은이들에게 패배가 아닌 포기하지 않는 도전과 용기가 필요한 요즘의 시대다.

이제 학교는 성공한 사람이 아니라 행복한 사람을 만드는 데 기여해야 한다. 즉, 학교교육은 한 인간으로 내일을 살아가야 할 학생들에게 자신의 삶의 밑그림을 만들게 하고, 주체적으로 살아갈 수 있는 기초적인 능력을 배양하는 것에 초점을 두어야 한다. 오늘날의 세계화 시대, 정보 및 지식 중심의 시대, 다문화 시대에 능동적으로 대응하며, 스스로 생각하고, 스스로 판단 · 행동하며 더불어 살아갈 수 있는 능력을 구비하는 것이 요구된다. 앞으로 펼쳐지게 될 미래는 예측 불가능한 시대다. 이러한 시대에 수동적인 대응이 아닌 스스로 좋은 세상을 만들어 가는 적극적이고 창의적인 인간을 만드는 것이 중요하다. 따라서 이제 학교교육은 이러한 시대를 만들어 나가야 할 학생들에게 필요한 능력이 무엇인지, 그리고 그 능력을 배양하기 위해 학교교육이 어떻게 달라져야 하는지에 관해 진지하게 다시 되돌아보아야 할 것이다.

⏻ 교육자에게 꼭 필요한 두 가지 관점

　필자는 교육과 관련하여 교육자들이 반드시 갖추어야 할 관점으로서 다음과 같이 두 가지를 강력하게 제안해 왔다. 하나는 인간은 모두가 귀한 존재라는 점이다. 공부를 잘하든 못하든, 집안이 부유하든 그렇지 못하든, 신체적으로 건강하든 그렇지 못하든 인간은 그 자체로서 모두가 귀한 존재다. 따라서 한 사람 한 사람이 학교교육이나 수업에서 소외되는 일이 결코 있어서는 안 될 것이다. 누구나 학생이라면 배울 권리가 있고, 그래서 수업 중에 질문할 권리가 있다. 아이들은 모르기 때문에 배우는 것이고, 배우는 과정에서 아무리 하찮은 질문이라 할지라도 질문을 던지는 행위는 무엇보다 중요하다. 따라서 교사들은 아이들의 질문에 귀 기울여야 한다. 언제나 아이들은 호기심 많은 존재이며 똑같은 수준, 똑같은 상황에 놓여 있는 아이들은 없다. 모든 것이 서로 다른 상황에 놓여 있는 아이들에게 차별 없이 귀한 존재로 그들을 대하는 것이 교육의 가장 근본임을 잊어서는 안 될 것이다.

　또 하나는 아이들은 변화한다는 것이다. 따라서 학교교육은 바람직한 방향으로 아이들의 변화를 견인하는데 기여해야 한다. 지금 말썽을 피우고 문제를 일으키는 학생들이라 할지라도 장래 변화의 가능성은 항상 존재한다. 다만 아이들은 변화의 속도가 다를 뿐이다. 어떤 아이는 교사의 말을 쉽게 이해하고 교사가 원하는 방향으로 따라올 수 있지만, 어떤 아이는 이해가 더디고 행동이 늦어서 수없이 많은 노력이 필요하다는 사실을 우리는 인정해야 한다. 다양한 환경에 놓여 있는 아이들은 똑같이 변화될 수 없다. 따라서 교사들은 학생들 하나하나가 모두 개성을 가진 다른 존재임을 인정하고, 각각의 성장과 발전을 목표로 너무 서두르지 말고 때로는 인내의 미덕을 보여야 할 것이다. 이런 점에서 보면 어쩌면 아이들이 변화할 때까지 기다려 주는 것이야 말로 교사들에게 요구되는 최대의 덕

목인지도 모른다.

2. 수업연구와 교사의 성장

⏻ 수업의 본질과 교사의 역할

　학교교육의 위기라 말하는 지금, 우리는 학교교육의 본질에 대해 다시 생각해 보아야 한다. 교육학이란 인간의 성장을 도모하는 학문이다. 이것은 학교와 수업이 아이들의 바람직한 성장을 위해 존재하는 것을 뜻한다. 그렇다면 지금 학교에서의 수업은 아이들의 성장에 초점을 두고, 아이들의 배움을 위해 기여하고 있는가? 그래서 학교교육을 받은 아이들은 아름답고 행복한 모습으로 바르게 성장하고 있는가? 이 물음에 답하기 전에

우선 수업을 통한 진정한 의미의 배움과 성장은 무엇을 두고 하는 말인가
에 대해 생각해 볼 필요가 있다.

　수업에 있어서 가장 중요한 것 중의 하나는 교사가 "왜 수업이 존재하
는 것인가?"라는 물음에 스스로 대답할 수 있어야 한다는 것이다. 이것을
교사 자신의 관점에 비추어 보면, "나는 왜, 수업을 하는가?"로 바꾸어 말
할 수 있다. 수업은 학습자의 성장과 발달을 위해 존재한다. 즉, 수업을 통
해 학생들은 올바른 인간으로 성장하는 것이다. 따라서 교사에게는 수업
을 계획하기 전에 어떤 인간으로 학생을 성장시킬 것인지, 학생의 성장과
발달에 있어서 바람직한 방향이 어떤 것인지에 관해 보다 깊이 있는 자기
철학이 요구된다. 필자는 이것을 수업자의 교육관이나 교육철학, 혹은 수
업자가 목표로 생각하는 인간상으로 칭하고 싶다. 지금까지 우리나라의
교육 현장에서는 '무엇을(교육내용) 어떻게(교육방법) 가르칠 것인가?'에 매
몰된 채, 교육당국도 교사도 여기에 모든 힘을 쏟아왔다. 교육대학이나
사범대학에서 시행하고 있는 교원양성 과정에서도 교육 내용과 방법은
양적으로나 질적으로 너무 많이 강조되었던 것이 사실이다. 그러나 수업
에 있어서 가장 중요한 것은 왜 수업을 하는 것이며, 수업을 통해 교사들
은 아이들을 어떤 인간으로 성장시킬 것인가에 대한 수업의 본질에 대해
잊어서는 안 될 것이다.

　필자는 종종 수업을 오케스트라에 비유하곤 한다. 왜냐하면 마치 다양
한 악기들이 고유한 음색을 가지고 조화를 만들어 가는 관현악단과 같은
것이 수업이기 때문이다. 여기에서 교사는 이 오케스트라의 지휘자와 같
은 존재다. 생각해 보라! 각각의 악기들이 아무리 멋진 음색을 가지고 있
다고 할지라도 지휘자의 지휘 아래 멋진 하모니를 이루지 못한다면 청중
들에게는 아름다운 선율이 아니라 그저 시끄러운, 그리고 듣기 거북한 소
음으로밖에 들리지 않을 것이다. 수업도 마찬가지다. 다양한 배경과 경
험, 지적 수준의 차이, 그리고 서로 다른 생각을 가진 학생들 한 명 한 명

이 하나의 집단을 이루고 그 집단 안에서 때로는 갈등하고, 때로는 협력하며 배움을 통해 성장을 만들어 가는 것이 수업이다. 이때 교사는 지휘자처럼 학생 한 명 한 명이 소외됨 없이 학습에 참여할 수 있도록 분위기 조정과 선도의 역할을 해야 할 것이다.

⏻ 인간의 영혼을 다듬어 가는 과정으로서의 수업

필자는 수업이란 학생들의 배움과 성장의 관점에서 '인간의 영혼을 아름답게 다듬어 가는 과정'이라고 말하고 싶다. 즉, 단순하게 지식과 기능을 연마하는 것에 머무르는 소극적인 의미로서가 아니라 수업을 통해 학생들이 정신적으로 더욱 발전, 성장함으로써 개개인이 자신의 삶을 주체적으로 창조해 갈 수 있는 능력을 구비하는 적극적인 의미로 수업을 정의하고 싶다. 따라서 좋은 수업이란 아이들을 올바르게 성장시키는데 직접적으로 기여해야 함은 두말할 필요가 없으며, 그래서 교사들에게 보다 깊은 자기철학이 요구된다. 그렇다면 아이들이 올바른 인간으로 성장한다는 것은 무엇을 의미하는가? 이에 대한 대답은 사람에 따라 천차만별일 것이다. 그럼에도 불구하고 필자는 인간의 올바른 성장이란 '한 인간으로 살아가는 데 필요한 기초와 기본을 갖추어 가는 동시에, 자신의 행복한 삶뿐만 아니라 우리 사회에 보탬이 될 수 있는 인간으로 성장하는 것'이라고 생각한다. 예를 들어, 어려움이 닥쳐도 스스로 헤쳐 나갈 수 있는 사람, 행복을 스스로 창조할 수 있는 사람, 정직한 사람, 도덕적인 사람, 다른 사람에게 배려할 줄 아는 사람, 자신보다 어려운 사람을 도와줄 수 있는 사람 등으로 보다 쉽게 성장의 의미를 바꾸어 말할 수 있을 것이다. 치열한 경쟁과 개인주의가 만연한 오늘날 우리 모두가 함께 행복하게 살아갈 수 있는 길을 찾고 이를 위해 협력적인 삶을 실현해 가야 한다는 인식은 무엇보다 매우 중요하다. 따라서 학교교육에서의 수업은 '인간의 영혼을 아름답게 다듬어 가는 과정'이 되어야 할 것이다.

보라! 콩을 시루에 두고 물을 주면 콩나물로 자란다. 그러나 콩을 들판의 밭에 심어 놓고 키우면 콩나무로 성장하여 수없이 많은 콩이 열린다. 교육도 이와 별반 다르지 않다. 아이들은 우리가 키우는 대로 성장한다는 사실을 결코 잊어서는 안 될 것이다.

⏻ 우리나라 수업연구의 실상

더 좋은 학교수업을 위해 교육당국뿐만 아니라 교육연구자를 포함하여 교사들은 부단히 노력해 왔다. 교육과정도 수차례 개정되었고, 학교에서의 수업연구도 쉬지 않고 진행되어 왔다. 이 모두가 학교에서의 질 높은 수업을 만들기 위해서다. 교육정책의 변화와 교사들의 수업연구에 대한 노력으로 학교교육은 얼마나 많이 달라졌는가?

현재 우리나라 수업연구를 둘러싼 상황과 문제에 대해 간략하게 정리해 보면 다음과 같다.

첫째, 교실 수업과 관련하여 학교현장의 상황을 직시해 보면, 우리나라의 수업연구는 엄밀히 말해 수업연구가 아니라 교수 · 학습 과정안연구(일명 지도안연구)라 해도 과언이 아니다. 수업자는 수업계획에 너무 많은 에너지를 쏟을 뿐만 아니라 장학 담당자 혹은 동료 교사들 간의 협의내용 중 상당 부분이 교수 · 학습 과정안에 초점을 두고 있다. 일반적으로 수업이 계획, 실행, 반성적인 성찰이라는 3단계 과정으로 진행되고 있음을 고려해 볼 때, 지나치게 수업의 계획에 많은 초점을 두고 있음은 아쉬움이 많다. 정적인 수업 과정안보다는 동적인 수업 그 자체를 직접 관찰하고 이를 분석하는 노력이 함께 이루어질 필요가 있다.

둘째, 수업에 관한 협의 관점과 내용을 살펴보면 논의의 초점이 학생과 학생의 학습이라는 관점보다는 교사와 교사의 교수적 관점, 교육과정이나 교수학습 방법에 중점을 두고 있다. 최근 혁신학교를 중심으로 학생과 배움의 관점이 수업연구의 핵심 내용으로 논의되고 있으나 일반학교에서는 여전히 수업연구가 아직도 학생의 학습 중심보다는 교사의 교수 중심에서 크게 벗어나지 못하고 있다.

셋째, 형식적인 수업관찰과 수업 후 협의회다. 수업에 대한 분석과 논의는 계획, 실행, 반성의 단계에 대한 깊이 있는 성찰을 기반으로 하며 사실에 초점을 두어야 한다. 요컨대 수업에 대해 체계적으로 관찰, 기록하고 이를 기반으로 분석과 해석이 이루어져야 하며, 실행된 수업에 대해 과학적이고 객관적인 분석을 통해 수업을 종합적으로 이해하는 것이 요구된다. 교사의 수업전문성을 높이기 위해서는 수업과 관련한 교사의 테크닉만이 아니라 교사가 직면하고 있는 문제를 해결하고 대안을 찾는 것이 매우 중요하다. 이를 위해서는 체계적인 수업관찰과 수업분석, 참가자 상호 간의 심도 있는 수업 후 협의회를 통한 협동적 문제해결이 필요하다.

넷째, 수업 공개에 대한 기피 문화와 올바른 수업비평의 부재다. 학교 현장에서 자연스럽게 수업 공개가 이루어지지 않고 있으며, 모처럼의 수업 공개도 보여 주기 위한 일회성 쇼에 그치는 경우가 많다. 물론 최근 교원평가의 실시로 인해 수업 공개가 정기적으로 이루어지는 등 수적인 면에서 증가하고 있지만, 아직도 일반화되어 있다고 보기 어렵다. 또한 수업에 대한 비평에 있어서 실행된 수업에 대해 자율성을 기반으로 토론과 대화를 통해 수업에 대해 참가자가 함께 이해하고 수업에서 벌어지는 현상과 경험이 갖는 의미를 진지하게 해석해 가는 방식보다는 관찰자나 컨설턴트의 경험과 관점에 의지하여 잘함(좋은 점)과 못함(나쁜 점)으로 평가하는 방식으로 인해 수업자와 관찰자가 서로 부담을 느끼는 경우도 존재하는 것이 현실이다.

이러한 고질적인 문제를 해결하기 위해 최근 학습자 중심, 배움 중심 수업연구가 전국을 강타하고 있다. 필자가 수년 전부터 주장하는 학생 중심의 수업연구로서의 '참여형 수업연구'도 이러한 흐름에 일조하였다고 생각한다. 이러한 노력은 국가가 주도하는 장학의 형태도 상급기관으로부터의 강제적인 장학이 아닌 학교의 요청에 의한 컨설팅 중심으로 변모시켜 놓았다. 그러나 급격한 수업연구에 대한 패러다임의 변화 속에서 일부 학교에서는 기존의 수업연구 방식의 관점과 현재 유행하고 있는 학생과 학생의 학습이나 배움 중심 수업연구의 경향 사이에 적지 않은 혼란이 양산되기도 하였다.

⏻ 수업연구의 핵심 1: 왜 학생 중심 이야기인가?

일반적으로 학교현장에서 진행되고 있는 '수업 후 협의회'를 들여다보면 여전히 교육과정, 교수·학습 과정안, 수업모형 등 교육내용과 교사의 교수적 관점이 중심을 이루고 있는 경우가 많다. 수업의 목표가 학생의 배움과 성장이라는 점은 너무나 분명하다. 그것은 수업이 아이들을 위해 존재하는 것이라고 말할 수 있다. 따라서 아이들을 위해 존재하는 수업이라는 관점에서 수업 협의가 학생을 중심에 놓지 않거나 혹은 전혀 아이들에 대해 이야기하지 않는 수업 이야기는 정말 난센스일 뿐이다. 즉, 지금까지 우리나라의 수업연구 과정에서 학생들은 없고 교사와 교육내용, 교육방법만을 중시했다는 사실을 반성적으로 되돌아보아야 한다. 따라서 나는 수업과 관련하여 논의되는 모든 이야기의 방향과 내용에 있어서 가장 핵심은 학생, 즉 학습자라는 사실을 잊어서는 안 된다는 점을 강조하고 싶다. 다시 말해 수업연구의 핵심은 구체적으로 현재 학생들의 상황을 기초로 아이들의 성장, 배움, 잠재 가능성, 변화 가능성 등과 연결되어 논의되어야 할 때 의미가 있는 것이다.

⏻ 수업연구의 핵심 2: 교사 이야기는 필요 없는가?

　그렇다면 수업연구 과정에서 교사(수업자)에 대한 이야기는 필요 없는가? 필자는 최근에 매우 곤란한 상황을 접했다. 즉, 수업연구를 위해 어떤 학교를 방문했는데 이 학교에서는 약식 형태의 교수·학습 과정안의 작성과 함께, 수업 후 협의회에서 교사의 이야기는 아예 꺼내지도 말자는 말을 들었다. 교수와 학습은 동전의 양면과 같아서 항상 함께하는 것이다. 결국 수업 협의회에서 중점적으로 이루어지는 아이들에 대한 많은 논의는 그 결과를 바탕으로 교사들이 어떻게 노력해 갈 것인가에 대한 잠재적인 해답을 찾기 위한 과정이기도 하다. 따라서 최종적으로는 교사를 포함하여 참가자 모두에게 '그래서 나는 혹은 우리는 어떻게 해야 할 것인가?'라는 최종적인 결론이 모아지는 것이다. 요컨대 수업 협의라는 토론 과정의 성찰을 통해 얻는 결과를 기초로 교사는 다시 자신의 수업을 어떻게 개선된 형태로 디자인할 것인가? 또한 새로운 수업을 어떻게 구상해 갈 것인가? 로 연결시키는 것이 수업자의 전문성을 신장시키는 과정이기 때문에 교사에 대한 논의가 중요하다는 점은 두말할 필요가 없다. 따라서 수업연구 과정에서 교사에 대해 전혀 이야기하지 않는 것은 결코 바람직하지 않다. 다만 수업연구는 수업자에 대한 잘함과 못함을 공개적으로 평가하는 것이 아니라 수업자의 문제의식이나 의도가 중요시되어야 하며, 협력적인 토론 과정을 통해 수업자와 참여자 모두에게 의미가 있는 기회로 만드는 것이 중요하다.

⏻ 우리나라 교육의 자화상과 수업학의 대두

우리나라에서 교육은 언제나 국가의 최대 이슈이고, 학부모들의 교육에 대한 열정은 가히 상상을 초월한다. 대부분의 소득을 자녀의 사교육비에 쏟아부어야 하는 각 가정의 현실은 세계에서 가장 낮은 출생률을 만들어 내고 있다. 현재 학교수업 성취와 관련하여 우리나라는 OECD 국가 중에서 최상위를 차지하고 있으나 학습흥미 면에서 매우 낮은 것이 문제점으로 지적되고 있으며, 학생들의 자살 및 폭력, 집단따돌림의 증가와 학교붕괴 현상이 큰 문제로 대두되고 있다.

지금 우리나라 학교교육의 현실은 참혹하다. "교실은 무엇이라고 생각하는가?"라는 질문에 학생들의 대답은 침실, 도서실, 교도소, 독재자의 공간, 지겨운 곳, 냄새나는 곳, 복도 맞은 편에 있는 곳, 숨 막히고 답답한 곳, 앞만 바라보아야 하는 곳, 그들만의 리그가 펼쳐지는 곳 등 부정적인 대답으로 일관하고 있다.* 교사들 또한 아우성이다. 예전의 아이들과 달리

---

* 김현수의 『행복한 교실을 만드는 희망의 심리학』(2012, 에듀니티)을 참고하기 바란다.

ADHD 학생들의 급증과 함께 교실은 항상 소란스럽고, 교사에게 대들거나 심지어는 폭력을 행사하는 경우도 비일비재하기 때문에 교직생활에 회의를 느낀다고 말한다. 이러한 현실을 눈앞에 두고 지금까지의 공교육에 대한 반성적 성찰과 함께 학교교육 정상화를 통한 교육혁신의 새로운 흐름이 형성되고 있다. 이른바 '혁신학교운동'과 '좋은 수업 만들기'다. 현재 우리나라 교육계에서는 진보교육감을 배출한 지역을 중심으로 공교육을 정상화하기 위한 일환으로 혁신학교운동이 전개되고 있다. 혁신학교는 대안학교와 달리 공교육의 테두리를 벗어나지 않으면서, 공교육체제 내부에서 스스로의 변화를 이끌어 내는 학교다. 혁신학교는 교육과정과 교수·학습, 평가 등 교육 전반에 걸친 혁신을 목표로 한다. 경쟁 대신 협력의 교육을 강조하고, 문·예·체 수업을 중시하며, 요점정리나 문제풀이 수업 대신에 토론이나 탐구수업을 통한 창의성 신장을 지향하고 있다. 혁신학교운동은 공교육의 표준을 만드는 일이기도 하며, 일종의 공교육 개혁운동이다. 혁신학교가 가장 중점을 두고 있는 부분 중의 하나가 수업의 혁신이다. 따라서 혁신학교에서는 기존의 일제식 수업을 체험 중심, 토론 중심, 프로젝트형의 수업으로 전환하고, 지식 중심에서 탈피하여 정의적인 영역에 중점을 두고 학생들의 균형 있는 성장과 발달을 지향하고 있다.

우리나라에서는 2013년 1월, '한국사회과수업학회'가 창립되었다. WALS (The World Association of Lesson Studies) 등 '세계수업연구학회'의 발족(2006)과 함께 우리나라에서도 수업을 직접적으로 연구하는 학회의 필요성을 공감하고 사회과를 중심으로 교과교육 연구자들과 현장의 교사가 중심이 되어 '한국사회과수업학회'를 결성하였다. 체계적인 수업연구를 통한 '수업학'의 이론 정립과 함께 수업학이 새로운 학문영역으로 부상할 가능성이 높다.

⏻ 교사의 성장

수업연구는 다양한 목적을 가지고 진행된다. 교사의 입장에서 보면 일반적으로 더 좋은 수업을 실현하기 위해 수업연구를 한다고 말한다. 그렇다면 교사에게 있어서 더 좋은 수업이란 무엇을 의미하는가? 아마 학생들의 올바른 성장을 도모하는 데 직접적으로 공헌을 하는 수업을 의미할 것이다. 학생들의 올바른 성장을 이끌기 위해서는 지금의 학생에 대한 올바른 이해에서 출발해야 한다. 즉, 학생의 현재 상황에 대한 이해를 기초로 수업을 통해 배움이 어떻게 일어나는지, 그 배움이 학생들의 성장과 어떻게 연결될 수 있는지 등 배움의 과정과 성장 가능성에 관해 확인하고 대안을 강구해 가는 것이 수업연구다. 따라서 수업연구를 통해 학생의 변화 가능성, 잠재되어 있는 발전 가능성을 찾아내는 것이 무엇보다 중요하다. 이렇게 하기 위해서는 연구자로서의 교사가 되지 않으면 안 된다. 특히 반성적 실천가로서의 교사가 되는 것, 이것이야 말로 교사성장의 핵심이 아닌가 싶다. 반성적 실천가로서의 삶은 교사가 이론적인 것을 발판으로 삼아 자신의 교육실천을 개선해 가는 것을 의미한다. 이러한 과정이 누적적으로 반복되는 가운데 그 결과물이 쌓여 교사의 전문성이 신장되어 가는 과정, 이것이 바로 교사의 성장을 의미한다. 이처럼 교사가 전문성을 신장시키며 자신을 발전시키는 데 있어서 자기성찰의 과정은 무엇보다도 중요하다. 수업연구는 이러한 자기성찰의 과정이라고 정리할 수 있다.

미래의 교실 수업은 어떻게 달라질까? 지금과 같이 교실에서 교사가 열심히 설명하고 학생들은 이에 귀 기울이며 열심히 듣는 형태의 수업은 변화할 수밖에 없다. 교사는 수업의 방향만 제시하고 학생들이 함께 토의할 수 있는 장을 마련해 주는 지원자로서의 역할에 머물러야 할지도 모른다. 요컨대 학생들이 교사의 판서, 설명, 지시 등에 일방적으로 응하는 방식의 수업(필자는 이를 '볼링형 수업'이라 칭한다)에서 교사와 학생의 상호작용이 있는 수업, 혹은 학생들 간의 협력과 토론이 있는 수업(필자는 이를 '탁구형 수업'이라 칭한다)으로 달라져야 한다. 이것은 교사의 가르침 중심에서 학생의 배움 중심으로 수업의 변화를 의미한다.

⏻ 수곡초등학교의 도전

2013년 수곡초등학교 선생님들과 필자는 아이들의 행복을 위한 더 좋은 교육을 위해 수업연구에 정열적으로 도전하며 실천하는 1년의 시간을 보냈다. 아이들에게 행복한 학교교육을 꿈꾸기 시작한 첫 만남으로부터 누구 하나 열외 없이 참여해 준 14번의 공개수업, 수업 후에 저녁 늦게까지 이어지던 교사의 고민과 아이들에 관한 교육 이야기들, 격의 없이 토해 냈던 우리들의 진심 어린 노력과 열정은 참여자 모두의 교육자로서의 삶을 더 풍부하게 해 줄 수 있었다. 이 책은 수곡초등학교에서 1년간 실천한 '참여형 수업연구'의 기록물이며, 수업과 함께 고민하며 교사로서 그리고 교육자로서 성장해 가는 교사들의 작은 외침이기도 하다. 즉, 수곡초등학교 선생님들이 1년 동안 지속적으로 '참여형 수업연구'를 해 오는 과정에서의 고민과 노력, 그리고 이를 통한 우리 자신의 내면적 성장과 변화에 대한 산출물이기도 하다.

수곡초등학교의 수업연구 과정에서 알게 된 것 중 하나는 팀워크의 중요성이다. 숨 쉴 틈 없이 돌아가는 하루하루의 바쁜 학교생활에서도 학교구성원들 간의 원활한 의사소통은 자신이 가지고 있는 문제의식에 대해 솔직하면서도 격의 없는 논의가 가능하게 했다. 늘 낮은 자세에서 함께한 교장 선생님과 교감 선생님, 자신의 문제를 수업의 상황으로 과감하게 끌어들이는 선생님들, 곁에서 동영상 촬영과 사진기록, 속기록 등 공개수업과 수업 후 협의회 과정을 꼼꼼하게 기록해 준 도우미 선생님 이 모두가 하나가 되어 유기적으로 움직일 수 있었기에 1년 동안 14번의 수업 공개가 이루어질 수 있었다.

수업연구에 참여하면서 속기록을 담당했던 선생님께서 했던 이야기가 떠오른다.

> "처음에는 다른 아이들도 있는데 왜 그렇게 한 학생에 대해 몇 시간에 걸쳐 이야기하는지 몰랐습니다. 하지만 수업 협의회가 끝나고 다음 날 학교에서 그 아이를 만났을 때 평소와는 다른 느낌이 들었습니다. 안쓰럽고, 다가가서 말 걸어 주고 싶고, 완전히 그 아이가 내 안에 들어온 것입니다."

우리는 이렇게 수업연구라는 이름으로 아이들에 대해 이야기하고, 그들의 상황을 이해하고, 그리고 그들을 위해 어떻게 할 것인가를 생각하면서 자신도 모르게 변하고 있었다.

수곡초등학교의 도전은 아직 끝나지 않았다. 우리는 때로는 갈등하고, 때로는 우왕좌왕하면서도 학생을 무엇보다도 귀한 존재로 인식하고, 학생을 위해 우리 교육자(교사)들이 무엇을 할 수 있는가에 교육실천의 방향을 맞추고 있다. 2014년의 새로운 도전이 기대되는 이유다. 수곡초등학교에서의 수업연구는 연구자인 필자에게도 더 많은 수업의 임상사례를 경험하게 함으로써 수업을 보는 안목의 증진과 함께 연구 및 교육자로서의 많은 성찰의 기회를 주었다. 수곡초등학교에서 생물처럼 살아 있는 수업을 만나면서 자연을 닮은 행복한 아이들과 그들이 만들어 갈 새로운 세상을 꿈꾸어 본다.

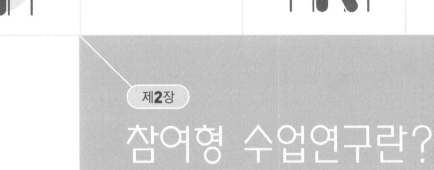

제**2**장

참여형 수업연구란?

❖ 천호성

참여형 수업연구란?*

천호성

1. 수업연구의 시작

> 처음으로 수곡초등학교를 방문하던 날, 학교 정문 앞 논두렁에
> '자연을 닮은 행복한 교육공동체'라고
> 씌어진 커다란 망루는 내 심장에 화살이 되어 꽂혔다.

수업연구가 전공인 필자는 매년 수십여 개의 학교를 방문하여 수업을 관찰하고, 기록하고 이를 기초로 선생님들과 함께 아이들의 성장과 더 좋은 교육을 위해 많은 이야기를 나눠 오고 있다. 그중에서도 전라북도 정읍의 내장산 자락에 자리 잡고 있는 수곡초등학교는 필자에게 잊을 수 없는 학교가 되었다. 1년 동안 14번의 수업 공개에 참여하였고 약 20회 정도

---

* 이 장은 필자의 『수업분석의 방법과 실제』(2008, 학지사) 제6장의 내용을 보완 및 수정한 것임을 밝힌다.

방문했기 때문이다. 수곡초등학교와 내가 1회성 단기적인 만남이 아니라 이처럼 장기적인 특별한 만남으로 이어질 수 있었던 것은 전수환 교장 선생님을 비롯한 수곡초등학교 선생님들의 아이들 교육에 대한 열정과 수업혁신에 대한 도전적 실천 때문이었다.

처음으로 수곡초등학교를 방문하던 날, 학교 정문 앞 논두렁에 '자연을 닮은 행복한 교육공동체'라고 씌어진 커다란 망루는 심장에 화살이 되어 꽂혔다.

필자와 수곡초의 본격적인 만남은 2013년 1월 추운 겨울의 어느 날, 대천해수욕장에서 시작되었다. 새롭게 만들어 갈 1년의 수곡초등학교 교육의 전체상을 디자인하던 '학교교육과정 협의회'에 필자도 함께 참여하였다. 이렇게 시작된 수곡초등학교와의 만남은 각별했다. 학교 구성원들이 공유하고 있는 교육의 철학을 함께 이해하고 공유할 수 있는 기회가 되었기 때문이다. 우리는 그날 학교혁신의 핵심 과정으로서 수업혁신이 왜 중요한지 진지하게 논의하였고, 이러한 결의는 1년간의 수업연구계획으로 정리되었다. 1학년부터 6학년 담임선생님까지 모두가 공개수업을 하기로 결정하였고, 교과 전담을 맡고 있는 선생님까지 공개수업에 참여해 주기로 하였다. 이렇게 하여 우리의 14번에 걸친 수업연구가 시작되었다. 수업연구를 위한 공개수업의 범위와 내용은 자유롭게 수업자에게 전적으로 맡겨졌으며 다만 수업관찰과 수업 후 협의회는 필자가 제안한 '참여형 수업연구'를 통한 협동적인 문제해결 방식으로 진행되었다. 이 장에서는 '참여형 수업연구'에 대해 설명하고자 한다.

2. 참여형 수업연구란?

'참여형 수업연구'란 '수업자의 수업의도나 문제의식을 기초로 제안된

연구수업에 대해 참관자들이 역할분담을 통해 함께 참여하면서 협동적으로 문제를 해결해 가는 수업연구의 모델'을 말한다. 여기에서 말하는 '참여형 수업연구' 모델은 필자가 유학시절부터 함께해 온 나고야대학 수업분석 연구팀이 지속적으로 실천해 온 수업연구모형을 한국의 교육상황에 맞는 수업연구모형으로 발전시킨 것이다. 필자는 2006년부터 한국의 많은 학교에서 이 모델을 발전적으로 적용해 오면서 한국의 교실수업 연구와 실천을 통한 수업의 질적 개선을 위해 노력하고 있다.

일반적으로 일선 학교에서 사용하는 수업연구라는 말은 수업과 관련한 모든 변인을 대상으로 삼고 있다는 점에서 매우 포괄적인 의미를 담고 있다. 수업연구의 일환으로서 진행되고 있는 '참여형 수업연구'는 수업분석에 초점을 두고 연구와 실천을 강조한다.

우선 수업분석에 대한 의미를 정리해 보자. 수업분석은 기본적으로 수업을 이해하는 것으로부터 출발한다. 따라서 수업분석 과정은 수업을 이해하는 과정이라고 말할 수 있다. 여기에서 내가 사용하고 있는 수업분석의 의미는 '효과적이고 생산적인 수업을 위해 수업기록을 기초로 하여 교수 및 학습의 과정에서 이루어진 제 사실과 현상을 비판적인 시각으로 보고, 교수학적 이론을 배경으로 그 적절성을 검토하는 일'이라고 조작적으로 정의한다. 이를 보다 이해하기 쉽게 설명하면 '한 번 보는 것만으로는 이해하기 어려운 수업의 특징을, 수업의 사실에 근거하여 찾아내고, 다른 사람들에게 이해할 수 있도록 표현하는 것'이라고 정의할 수 있다. 다시 말해 수업에서 나타난 기록을 근거로 여러 가지 사실과 현상을 비판적으로 검토하고 해석하고, 이해하는 일을 수업분석이라고 정의한다. '참여형 수업연구'는 수업분석 과정에서 수업기록을 무엇보다도 중시한다. 수업기록을 중시한다는 것은 수업관찰을 보다 체계적으로 해야 함을 의미한다. 수업기록은 관찰을 통해 보다 사실적이고 세밀한 부분까지 이해하고 해석하는 것이 가능하기 때문이다.

이처럼 '참여형 수업연구'는 수업의 체계적인 관찰과 기록, 그리고 종합적인 분석을 통해 수업에서 벌어지는 모든 사실과 현상을 이해하고 이를 바탕으로 보다 바람직한 교육의 이론과 체계를 정립해 가는 일이기도 하다.

⏻ 참여형 수업연구의 원리

'참여형 수업연구'의 원리에 관해 다음과 같이 세 가지로 그 특징을 축약하여 설명할 수 있다.

❏ 문제해결책으로서 수업연구

'참여형 수업연구'는 우선 문제해결을 지향한다. 교사가 매일의 수업 실천 속에서 실현해 보고 싶은 요구를 드러내어 그것을 연구과제로 규정하고 해결의 실마리를 찾아 나서는 것이 연구의 출발점으로서 중요하다. 더구나 문제의 발견으로부터 해결까지의 과정을 협동으로 실시하는 것을 중시하고 있다. 연구수업에서 문제의식의 명확화가 연구의 첫걸음이다. 수업연구에는 교사가 매일매일의 교육실천 속에서 느끼는 문제에 대해서 항상 그 해결을 지향해야 한다. 또 모르기 때문에 연구를 하는 것이며, 미지의 현상에 대한 도전이 포함되어야 한다. 이런 연구적인 물음에 이끌려 연구수업이 디자인되어야 한다.

❏ 협동적인 행위로서의 수업 연구

'참여형 수업연구'에서는 연구에 참여하는 교사들(대학의 연구자나 교육지원청의 지도교사 등도 포함)이 서로의 고유의 역할을 존중하면서도 대등한 입장에서 연구에 참여하고 협동적으로 연구를 진행하는 것이 중요하다. 수업분석이 가장 중시하고 있는 것은, 수업의 사실에서 출발한다는 점이다. 기존의 특정의 이론에서 일방적으로 수업을 이해하거나 이론과 들어맞는 사실에만 주목하지 않고, 있는 그대로 아이들의 배움의 방식을 파악하는 것을 기본 원리로 제시하고 있다. 이것은 권위주의적으로 수업의 평정(평가)을 실시하는 것을 배제하는 원리이기도 하다. 연구에 참가하는 사람들이 서로의 입장을 존중하면서, 사실에 근거한 논의를 하는 것이 생산적인 협동을 위해서는 필수적이다.

❏ 현장 중심의 연구

연구수업의 계획 단계에서 교사는 추출 학생(Case Student)마다 그 학생과 관련한 소망과 그것을 실현하기 위한 방법을 심사숙고해 지도 방안에 기재한다. 연구수업 때는 설정된 소망과 방법을 바탕으로 추출 학생의 상세한 관찰이 진행되며 관찰의 결과가 사후의 수업검토회에서 논의된다.

연구에서 추출 학생을 설정하는 목적은 철저하게 현장에 기인한 연구를 실시하기 위해서다. 수업의 디자인, 관찰, 협의회 등 어느 단계에서도 수업의 주체자인 학생들에 기반하여 연구가 진행된다. 수업이 일어나고 있는 현장은 교실인 것이 틀림없지만 교실에 들어가기만 하면 된다는 의미가 아니다. 학습이 일어나고 있는 현장은 바로 학생의 내면에서이며, 거기에 들어가서 무엇이 일어나고 있는가(어떤 배움이 일어나고 있는지, 무슨 변화가 일어나고 있는가, 어떤 감정이 생기고 있는지)가 우리가 파악하고 싶은 사실이다. 추출 학생을 설정하고 자세히 관찰하는 데는 그런 사실을 파악하겠다는 의도가 담겨 있는 것이다. 즉, 연구의 실증성을 높이기 위한 것이다.

⏻ 참여형 수업연구의 특징

'참여형 수업연구'의 특징으로서 중요한 사항 몇 가지를 요약, 제시하면 다음과 같다.

첫째는 교수·학습 과정안 작성 과정(수업디자인 과정)에서 교사의 수업의도
와 문제의식을 중요하게 생각한다는 점이다. 이는 수업연구가 단순히 공개되
는 수업교사의 활동에 대한 잘함과 못함을 평가하는 것이 아니라 수업실
천을 통해 수업자의 교육적 가치를 실현해 가는 것으로 학생의 바람직한
성장과 발전의 관점에서 수업이 논의되어질 수 있다.

둘째, 좌석표를 작성하고 이를 기반으로 수업관찰을 체계적으로 실시한다는
점이다. 좌석표에는 학생들의 이름만이 아니라 가능하면 학생의 특징을
상세하게 기록한다. 예를 들어, 현재 학생의 과거의 학습이나 다른 어떤
것에 대한 경험, 지금 관심을 갖고 있는 부분이나 잠재 능력, 동료관계, 가
족관계나 가정의 상황, 학습능력 등을 종합하여 상세하게 기록한다. (단,
'참여형 수업연구' 과정에서 생성된 학생에 관한 자료는 그 취급에 있어서 각별하
게 주의하여야 한다.)

셋째, 추출 학생(Case Student)을 설정하여 수업을 분석한다. 추출 학생은
수업자인 교사가 설정하는데, 공개되는 수업에서 수업자의 의도, 문제의
식과 연관지어서 선정하는 것이 바람직하다. 추출 학생을 선정하는 이유
는 학생의 눈을 통해 실제적으로 수업을 분석함으로써 수업연구의 실증
성을 높여 실현가능한 구체적인 대안을 찾기 위한 것이다. 추출 학생 선
정과 이를 이용한 수업연구에 관해서는 이 장 뒤에서 보다 상세하게 제시
한다.

3. 참여형 수업연구의 방법 및 절차

'참여형 수업연구'에서는 수업에 관해 구조적이고 체계적으로 이해하
고 분석하기 위하여 다음과 같이 3단계(① 사전준비, ② 연구수업, ③ 수업 후

협의회)를 설정한다. 이하 각 단계에 따른 활동 및 구체적인 내용을 보다
상세하게 제시하고자 한다.

'참여형 수업연구'와 관련하여 이루어지는 모든 협의 형태는 워크숍 형
태로 이루어진다. 즉, 참가자는 자유로운 분위기에서 자신이 발견한 사실
과 현상에 근거하여 자신의 경험, 생각, 의견, 제안 등을 말할 수 있다.

⏻ 공개수업 전에는 무엇을 준비해야 하는가?–사전준비

❏ 연구수업에서 문제의식의 명확화

연구수업은 수업 공개자의 수업에 대해 잘함과 못함을 평가하기 위한
것이 목적이 되는 것은 바람직하지 않다. 수업자의 의도에 따라 실시된
수업에 대해 관찰자 모두가 공감적으로 이해하고 제기되거나 드러난 문
제에 대해 협력적인 토론을 통해 합리적 문제해결 방법에 접근해 가는 것
이 매우 중요하다. 어떠한 수업도 협의와 토론을 하다보면 잘된 점과 개
선해야 할 점 등이 자연스럽게 드러나기도 하기 때문에 수업에 대한 평가
는 협의와 토론의 결과로서 수업자 자신이 거부감 없이 받아들이도록 배
려하는 것이 좋다.

수업자와 연구자들은 연구수업의 입안 단계에서 무엇을 연구상의 문제
로 설정할 것인가에 대해 명확히 해야 한다. 연구를 위하여, 무리하게 문
제를 만들어 낼 필요는 없다. 오히려 평소에 자신이 가르치고 있는 아이
들에 대해 문제점으로 느끼던 것이나, 교사로서 혹은 수업자로서 해 보고
싶었던 수업의 실천 등, 일상적으로 이루어지고 있는 교육실천에 대한 연
장선상에서 문제를 설정하는 것이 매우 중요하다. 가능하면 연구상의 문
제는 지역 및 학교의 특성, 학생의 특성, 교사의 수업실천 등이 고려되면
더욱 좋을 것이다. 따라서 평소 일상적인 수업실천 중에 막연하게 생각했
던 것이나, 문득 교육실천 중에 문제라고 느끼는 부분이 있었는데 여유를

가지고 생각해 보지 못한 것 등이 있다면 이를 소재로 하여 여러 사람이 함께 협력을 통해 집중적으로 검토하는 기회로서 수업연구의 기회를 활용하는 것이 필요하다.

문제의식을 명확하게 한다는 것은, 막연하게 머릿속에 생각하거나 그리는 것이 아니라, 말이나 글을 사용하여 다른 사람에게 알 수 있도록 표현하는 것이다. 구체적인 예를 들어 설명하자면 다음과 같다.

- 교사의 바람
  ~에 대해 표현할 줄 아는 학생이 되었으면 좋겠다. (지역사랑, 동료사랑, 가족사랑, 타인에 대한 배려, 조사능력, 발표능력 등)
- 수업자로서 실현하고 싶은 것
  어떻든 여기까지 도달하는 학생을 만들고 싶다. (아는 데 그치지 않고 그것을 실천까지 해 보게 하고 싶다. → 지역버스 노선도 조사 후 군청에 민원제기, 신문사에 투고 등)
- 수단과 방법
  ~를 실현하기 위해서 나는 이런 방법으로 해 보겠다. (수업의 방법, 기법, 전략을 세우고 실천한다. → 새로운 수업모형의 개발과 실행 등)

❑ 단원구상, 교수·학습 과정안(수업 지도안), 좌석표의 작성

연구수업에 대해서는 문제의식을 기초로 단원을 구상하고, 구체적인 수업의 계획안을 만든다. 수업을 통해 달성하고자 하는 학생에 대한 교사의 바람, 수업자로서 실현하고 싶은 내용, 효과적인 수업목표 달성을 위한 수단이나 방법 등이 수업계획안에 구체적으로 반영되는 것이 매우 중요하다.

연구수업 당일에 참가자에게 배포되는 교수·학습 과정안에는, 학급의

상태, 수업자의 문제의식, 본 수업에 있어서 수업자가 특히 힘을 쏟고 있는 부분, 즉 강조점 등이 가능하면 전달될 수 있도록 구체적으로 기술한다. 또한 다음의 항목에서 설명하는 추출 학생에 관해서 수업자가 그 학생에 대해 어떻게 이해하고 있으며, 그 학생에 대해 어떠한 바람을 가지고 있는지, 그리고 수업 안에서 그 학생에게 어떤 방법으로 교사는 의미를 부여하고 수업을 이끌어 가려고 하는지 등에 관해 수업 지도안에 구체적으로 기술한다. 좌석표에는 수업자가 현재 이해하거나 생각하고 있는 학생의 상태를 짧은 문장이나 부호 등을 사용하여 써 놓는 것도 매우 유용하다. 이와 같이 만들어진 좌석표는 참가자가 수업을 관찰하는 데 매우 중요한 참고자료가 될 수 있다. 또 체계적이고 깊이 있는 수업검토가 이루어지기 위해서는 어느 정도 상세한 자료가 준비될 필요가 있다. 한편 관찰자(혹은 참가자)는 수업 지도안을 사전에 읽고 수업관찰에 임하는 것이 가장 바람직하나 그렇지 못하는 경우에 대비하여 수업자는 관찰자가 제한된 시간 안에 수업 지도안을 읽고 이해 가능하도록 분량이나 기술 방법에 대해 배려할 필요가 있다.

좌석표 작성이 필요한 이유

- 수업과 관련하여 전체 학생 개개인에 대해 사전에 실태파악을 할 수 있다.
- 학생들 간의 관계 등을 파악함으로써 모둠활동 및 조별활동을 구성하는 데 활용할 수 있다.
- 수업디자인의 방향을 설정하고, 수업계획을 변경하는 데 활용할 수 있다.
- 학생의 실태파악을 근거로 하여 수업과 학생들을 구체적으로 연결시킬 수 있다.
- 수업참관자에게 수업관찰에 대한 기초적인 자료를 제공할 수 있다.

좌석표 작성의 예

항목＼이름	천호성	김명지	조대환	최선우	이미원
행동 특성	머리가 영민하여 주어진 문제를 창의적으로 해결해 내며 발표 시 자신감이 있음. 다만 모둠활동에서 자신의 주장을 내세우는 경향이 자주 보여 친구들과 타협의 방법을 배우고 있음.	……	……	……	……
발표력	상 중 하	상 중 하	상 중 하	상 중 하	상 중 하
집중력	상 중 하	상 중 하	상 중 하	상 중 하	상 중 하
참여도	상 중 하	상 중 하	상 중 하	상 중 하	상 중 하
성취도	상 중 하	상 중 하	상 중 하	상 중 하	상 중 하
학습의욕	상 중 하	상 중 하	상 중 하	상 중 하	상 중 하
동료관계	……				
가정상황	……				
최근 관심	……				
특기사항					

❑ 추출 학생(Case Student)의 선정: 2~3명 정도

수업연구 과정에서 관찰이나 검토가 산만해지지 않도록 특히 집중해서 관찰하거나 기록해야 할 학생을 2~3명 선정하는 것은 매우 유용한 하나의 방법이 될 수 있다. 추출된 각각의 학생에 대해서는 수업자가 왜 그들을 추출 학생으로 선정하였는지 그 이유와 함께, 그 학생들에 대해 수업자는 어떤 바람을 가지고 있는지, 그 수업 중에는 어떻게 그들에 대해 유도하고 이끌어 갈 것인지에 관해 명확하게 해야 한다. (예를 들어, 어떤 상황에서 무엇에 대해 어떤 방식으로 질문을 한다든지, 발표하게 한다든지, 의견을 묻는

다든지 등) 이러한 점들은 연구수업에 대해 참가자의 관찰 시 관찰 시점이 되고, 수업 후 검토 및 토론에서 논쟁점이나 토의의 핵심이 될 수 있다. '참여형 수업연구'를 통한 문제해결이라는 방법이 실제 학교현장에서 유용한 방법이 되기 위해서는 수업자가 공개하는 연구수업 중에 추출 학생에 대하여 무엇을 어떻게 해 갈 것인가를 명확히 제시하고, 참가자가 그러한 상황을 충분하게 이해한 뒤에 협동하는 것이 굉장히 중요하다.

□ 관찰자의 역할분담, '수업 후 협의회'에 대한 사회자 결정

효과적인 수업분석이 이루어지기 위해서는 수업관찰이 매우 중요하다. 왜냐하면 수업 중에 관찰된 사실과 현상, 그리고 관찰을 통해 만들어진 기록은 수업분석의 핵심적인 자료로 활용될 수 있기 때문이다. 주지하다시피 수업은 1회성을 갖는다. 따라서 다양한 관점, 다양한 방법들을 동원하여 체계적으로 관찰이 이루어질 때 보다 상세한 관찰로 이어질 수 있다. 따라서 수업 관찰과 기록을 위한 역할분담이 반드시 필요하다. 수업 관찰과 기록을 위한 역할분담은 다음 부분에서 보다 자세하게 설명하기로 하고 여기에서는 역할분담사항만 간단하게 정리하여 제시한다. 구체적인 역할분담사항으로는 속기록자 선정, 추출 학생에 대한 관찰자 선정, 캠코더 촬영자 선정, 디지털카메라 등 기자재 담당자 선정 등이 필요하다. 특히 추출 학생에 대한 관찰자는 관찰대상 추출 학생이 의식하지 못하도록 주의하면서 관찰해야 함을 숙지하여야 한다. 한편 수업연구를 매끄럽게 진행하기 위해서는 '수업 후 협의회'에 대한 사회자의 선정이 필요하다.

역할분담사항

- 속기록자 선정(2명 정도)
- 추출 학생 관찰자 선정
- 캠코더 촬영자 선정
- 디지털 카메라 등 기자재 담당자 선정
- 수업 후 협의회 사회자 선정

❏ 수업준비(교재, 학습환경 등)

보통 때의 수업과 동일하게 교재, 학습환경 등 수업의 준비를 한다. 특히 연구수업을 위하여 다음과 같은 점에 주의한다.

교실 안에 들어가는 참가자(관찰자)에 의해서 수업의 분위기는 보통 때와는 다를 수밖에 없다. 따라서 수업자는 공개수업에 대한 의미를 학생들에게 충분하게 설명하여 수업관찰이 원활하게 이루어질 수 있도록 학생들에게 협력과 동의를 얻는다. 또한 수업관찰자는 학생들이 평소의 분위기처럼 안정된 상태에서 학습이 가능하도록 배려하는 것이 중요하다. 특히 속기록, 추출 학생에 대한 관찰, 기록용 기자재 활용 등을 위하여 교실 내에 적절한 공간을 확보하는 것과 아울러, 속기록자, 추출 학생에 대해 관찰하는 관찰자 등 해당 역할을 수행하는 사람들은 효과적인 역할수행을 위해 어떻게 할 것인가를 사전에 미리 생각하고 확인하는 것이 매우 중요하다. 예를 들어, 기자재 작동 방법을 사전에 숙지하고, 건전지 충전에 대해 확인하며, 위치 및 공간을 확보하는 등 수업 전에 각 역할 담당자들의 역할수행에 따른 준비가 철저하게 이루어져야 한다.

❏ 사전 협의

연구수업을 실시하는 경우, 그 연구수업에서의 문제의식, 즉 수업연구의 목적에 대하여 수업 전에 참가자에게 설명한다. 참가자는 그것을 충분히 이해하고, 존중해 가면서 수업을 관찰하고 협의에 임한다. 수업 관찰이나 토의에 있어서는 참가자 자신의 시점이나 생각도 중요하지만, 우선은 수업자의 의도를 공감적으로 이해하는 것이 수업연구에서 협동을 위한 출발점이라는 것을 잊어서는 안 된다.

⏻ 수업 공개 시에 관찰은 어떻게 이루어지는가?–연구수업

수업 관찰 및 기록의 단계에서는 다음과 같은 점에 유의하면서 수업관찰을 시행하고 가능하면 상세하게 기록하도록 한다.

수업 관찰 및 기록을 위한 참고사항
- 사실 중심으로 기록한다.
- 상황과 맥락에 따라 기록한다(~한 상황에서 어떤 행동을 보였다, 어떤 반응을 하였다, 어떤 질문을 하였다 등으로 기록할 것).
- 상호 관련적으로 기록한다.
- 학생의 새로운 가능성의 발견 차원을 중시하면서 관찰·기록한다.
- 교사의 활동 혹은 학생의 활동, 발문 등 초점을 정해 놓고 관찰·기록한다.
- 되도록 보이는 것, 들리는 것, 느끼는 것을 자세하고 구체적으로 기록한다.

❑ 속기록의 작성(2명)

연구수업 시에는 속기록을 작성한다. 2명 정도의 교사가 분담하는 것이 바람직하다. 속기록에는 시간, 발언자, 발언 내용 혹은 행동에 대해 개략적으로 시계열에 따라 기술한다. 속기록은 '수업 후 협의회'에서 토론 및 협의에 대한 기초자료로 활용된다.

- 속기록의 예: ― 속기록의 형식 ―
- 과목: 사회
- 단원명: 지역사회의 개발과 환경문제
- 수업자: 이○○ 교사
- 수업실시 학교: 전주○○초등학교
- 수업실시 연도·월·일: ○○○○년 5월 25일
- 수업장소: 6학년 3반 교실

• 시간 및 대상 학년: 1교시, 6학년 3반(학생 수: 남 16명, 여 13명, 합: 29명)

시간	발언자	발언의 개요
1:00:00	교사	자, 오늘은 '우리 마을과 고속도로'에 대해 수업을 하도록 하겠습니다.
1:03:35''	민수	주희의 말에 난 반대입니다. 우리 마을에 큰길을 내는 것은 득보다 실이 많아요. 왜냐하면 자연경관이 해쳐질 수 있기 때문이에요.
1:03:59"	경숙	난 주희의 말이 맞다고 생각해요. 왜냐하면 큰길을 만들어야 관광버스가 많이 올 수 있기 때문에 관광수입이 높아질 수 있잖아요.

 속기록 작성의 방법

• 시각은 발언자 각각에 대해 가능한 한 모두 표기하는 것이 좋으나 일정한 간격(예를 들면, 약 1분 간격)을 두고 작성해도 무방하다.
• 발언 그대로를 빠짐없이 기록하는 것이 좋으나 경우에 따라서는 핵심적인 내용으로 요약하여 기록하는 것이 전략적으로 필요하다.
• 속기록 작성자는 일정한 양식에 의해 고안된 속기록 작성 기록표를 사전에 미리 준비하는 것이 좋으며, 컴퓨터를 활용하거나 직접 손으로 기술하는 방법을 활용할 수 있다.
• 속기록은 사실만을 기록하여야 한다. 기록자의 판단이나 느낌은 배제되어야 한다. (이점에서 속기록은 관찰기록과 구별된다.)

❑ 추출 학생에 대한 관찰(학생당 교사 2명 정도)

　연구수업 과정에서 추출 학생에 대해 집중적으로 관찰하고 기록한다. 앞에서도 지적하였듯이 추출 학생을 선정하는 이유는 수업연구에서 관찰이나 협의가 산만하지 않도록 하기 위함이다. 또한 학생의 행동을 직접적이고 보다 세밀하게 관찰하는 것을 통해 수업자의 의도와 추출 학생의 행동을 관련지어 분석해 봄으로써 수업의 의미를 다양한 관점에서 해석하는 것이 가능하기 때문이다. 추출 학생에 대한 구체적인 관찰과 기록 방법은 수업 중에 일어나는 추출 학생의 발언, 행동, 표정, 반응 등을 관찰하고 시간과 함께 기록한다. 관찰기록은 가능하면 빠짐없이 세밀하게 작성한다.

추출 학생에 대한 관찰기록의 관점

- 학습준비 상황(수업 전 상태)
- 학습목표 혹은 학습과제 인지상황
- 교사와의 정합성(시선, 필기, 태도 등)
- 동료와의 협력 과정
- 학습의 참여도
- 학습의 이해도(질문, 발언, 행동, 태도 등)
- 학습의 진행 과정(예, 노트 혹은 학습지 만들어 가는 과정 파악)

추출 학생 관찰기록의 예

- 수업이 시작되어도 교과서를 덮어 두고 있다.
- 교사의 학습목표 판서를 자신의 노트에 그대로 적는다.
- 교사의 지적에 머리를 긁적인다.
- 교사의 동영상 제시에 집중하여 보면서 크게 웃는다.
- 노트필기를 중도에 그만둔다.
- 교사의 설명을 듣고 자주 고개를 끄덕인다.
- 책에 낙서를 하고 있다.
- 모둠활동에서 발언 수가 적고, 가끔 동료로부터 소외되는 현상이 보인다.
  (예, ○○라고 이야기한 제안이 모둠에서 거부당함.)
- 동료학생에 말을 건다.

- 교사의 질문에 손을 들고 ○○○○라고 이야기한다.
- 발표의 목소리는 다른 학생과 비교하여 작다.
- 교사의 질문 "마을 앞 고속도로 건설을 반대하는 이유"에 "내가 우리 마을 앞 고속도로 건설에 반대하는 이유는 조용한 마을에 소음이 증가하기 때문입니다." 등

❑ 전체 관찰

그 외의 참가자는 수업자의 수업목표, 의도, 추출 학생 등을 고려해 가면서 전체를 관찰한다. 전체 관찰자는 속기록자와 추출 학생 관찰자와는 다르게 관찰한 것을 망라적으로 기술하는 것이 아니라, "이것 좀 봐라!" "음 그렇군." "저건 좀 생각해 봐야 할 것 같은데……." 등 자신이 특별하게 이해하거나 공감되거나 또 특별하게 느끼거나 생각한 부분에 대해 집중하여 기술한다. 이때 시간과 수업 중의 상황도 잊어버리지 않고 함께 기술한다.

전체 관찰기록의 예

- 이런 상황에 대해 교사가 이렇게 이야기했는데 이는 ~와 같은 문제점을 발생시킬 수도 있지 않을까?
- 왜 김 교사는 김동철 학생이 두 번씩이나 손을 들어 "저요, 저요." 하고 크게 외치며 발표를 요구하였음에도 불구하고 그를 지목하지 않고 다른 학생을 지목하여 발표시켰을까?
- 토론시간보다 발표시간을 더 많이 준 의도는 무엇일까?
- 수업이 끝날 즈음, 김 교사의 "오늘 수업 어땠어요?"라는 질문에 홍동혁 학생은 "썰렁했어요."라고 응답했는데, 이 수업에서 그가 말한 "썰렁했어요."라는 말이 갖는 의미를 다른 관찰자들과 함께 상황과 맥락 안에서 해석하고 생각해 보자.

❑ 교사관찰

상황에 따라 교사관찰자를 사전에 선정한다. 교사관찰자는 가능하면 교직경험이 풍부하거나, 혹은 같은 교과를 전공하거나 평소 수업자를 잘 이해하고 있는 사람이면 더욱 좋다. 왜냐하면 지금까지의 수업연구가 교사의 수업에 대해 잘함과 못함을 평가하는 측면에 집중되었기 때문에 자칫하면 공개 수업자가 부담을 많이 느낄 수 있다. 교사관찰 담당자는 가능하면 자신의 느낌보다는 수업 중에 벌어지는 교사의 언어, 비언어적 행동을 사실적으로 기록한다. 즉, 수업의 전개 상황에 맞추어 학습목표의 제시, 발문, 칭찬 및 격려, 순회 과정, 학생과의 상호작용, 학생의 요구에 대한 반응 등에 관해 있는 그대로 관찰하고 기록한다. 이러한 객관적이고 사실적인 관찰과 기록은 그 자체로 수업교사가 자신의 상황을 이해하고 판단하는 데 많은 도움이 될 수 있다.

❑ 영상기록, 음성기록, 사진

기자재를 사용하여 이루어지는 기록도 분담하여 실시하면 더욱 좋다. 이러한 기록의 활용은 수업 직후의 '수업 후 협의회'에서 곧바로 사용하는 것은 어려움이 있으나 나중에 수업에 대해 심층적으로 분석이 필요한 경우 매우 유용한 자료가 된다. 특히 심층적인 분석을 위해 종종 전사기록(혹은 축어기록)이 활용되는데 이를 위해서는 영상 및 음성기록이 매우 중요하다. 또한 영상기록은 수업에 관해 상황과 맥락 안에서 이해하고 해석하기 위해 필요할 때 바로바로 재생이 가능할 뿐만 아니라 기록을 장기간 보존하는 데도 매우 효과적이다.

⏻ 수업 후 협의회는 어떻게 진행되는가?-수업 후 협의회

❑ 속기록의 배포

연구수업 중에 빠르게 작성된 속기록이 '수업 후 협의회'에서 활용되기 위해서는 다른 사람이 알 수 있도록 수업이 끝난 후 보다 정교하게 정리될 필요가 있다. 정리는 속기록 담당자가 가능한 한 신속하게 실시한다. 속기록 정리가 마무리되면 시간, 발언자, 발언 및 행동의 개요에 관해 쓰여진 속기록을 확대 인쇄하여 참가자에게 배포한다. 이를 바탕으로 '수업 후 협의회'에서는 보다 객관적이고 사실에 근거하여 토론 및 협의가 이루어질 수 있다. 또한 속기록은 협의자료에 대한 공유가 가능하다는 점에서 효과적이며, '수업 후 협의회'에 참여하는 사람들은 속기록을 통해 이미 지나가 버린 수업에 대해 보다 더 상세하게 이해하는 것이 가능하다.

❑ 붙임쪽지의 준비 및 정리

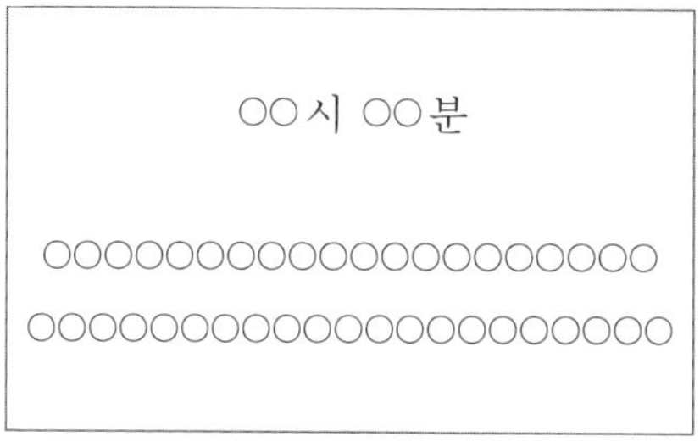

○○시 ○○분

○○○○○○○○○○○○○○○○○○
○○○○○○○○○○○○○○○○○○○

[그림 2-1] 붙임쪽지의 형식

　　참가자 혹은 관찰자는 관찰한 내용을 붙임쪽지에 시간과 함께 기술한다. 관찰 중에 직접 기술할 수도 있고, 관찰한 후에 기록을 정리해 가면서 기입할 수도 있다. 어느 쪽도 가능하다. 붙임쪽지의 색깔에 의미를 부여하여 활용하는 것도 매우 유용한 방법이 될 수 있다. 예를 들어, 추출 학생과 전체 학생을 나누어 각각 같은 색깔을 적용한다든지 혹은 두 명의 추출 학생에 대해 각각 다른 색깔을 적용하는 것이다. 한편 교사활동과 학생활동을 나누는데 각각 다른 색의 붙임쪽지를 활용하거나 질문, 의견, 관찰 중 발견한 사실 등에 대해 각각 서로 다른 색을 활용하여 작성하면 '수업 후 협의회'에서 영역별 분류가 체계적으로 이루어지는 등 매우 유용하게 활용될 수 있다.

□ 협동으로 종합기록 만들기

시간	속기록의 확대 인쇄 - 시간 - 발언 - 행동의 개요	추출 학생 A	추출 학생 B	추출 학생 C	수업 교사의 특징	전체 혹은 다른 학생들에 대한 정황

[그림 2-2] 종합기록의 형식: 모조지 형식

'수업 후 협의회'에서는 속기록 혹은 종합기록 준비용으로 만들어 놓은 모조지에, 각 참가자가 관찰 시에 붙임쪽지에 기록한 관찰기록을 첨가하거나 혹은 써넣는 방식으로 한 시간 수업에 대한 종합기록을 만들 수 있다. 종합기록을 만드는 방법은 다음과 같다.

미리 커다란 모조지를 준비하고, 그곳에 속기록을 확대 복사하여 붙인다. 이 속기록 외에 추출 학생 각각에 대하여 붙임쪽지를 붙이는 란을 만들어 둔다. 또 그 외에 학생들이나 수업 전체의 정황에 대해 붙임쪽지를 붙이는 칸도 준비해 둔다. 모조지는 흑판이나 이동식 칠판, 혹은 교실 벽 등 참가자들이 잘 볼 수 있는 곳에 붙인다. 수업 전, 수업 중, 그리고 '수업 후 협의회' 중에 참가자들은 이 모조지에 자신의 생각을 자유롭게 써넣거나 혹은 붙임쪽지를 활용하여 관찰내용을 기록하거나 붙인다. 통상 1시간의 수업을 기준으로 하는 경우 수매에서 많으면 10매 정도의 모조지가 종합기록으로서 만들어질 수 있다.

종합기록을 함께 만드는 것이 갖는 의미

- 수업을 한 사람의 관점이 아닌 여러 사람의 관점에서 통합적이고 종합적으로 이해하는 것이 가능하다.
- 각각의 관찰로부터 드러난 사실이나 알아낸 것에 대해 참가자가 함께 공유하는 것이 가능하다.
- 중요한 포인트에 입각하여 의제를 설정하는 것이 가능하고 이에 대한 심도 있는 논의가 가능하다.

□ 종합기록을 기반으로 분석 실시

참가자들 서로가 관찰, 기록한 사실이나 알아낸 것에 관해 이야기하면서 붙임쪽지를 붙여 간다. 그리고 어떤 사실이나 문제에 관해 공유해 가면서 조금씩 조금씩 상세한 종합기록을 만들어 간다. 또한 종합기록으로부터 드러나거나 나타나는 논점에 대해 서로 이해해 가면서 보다 깊이 있는 의제로 논의를 확대해 간다.

협동적으로 만들어진 종합기록을 기반으로 하여 분석 가능한 방법을 제시하면 다음과 같다.

수업 과정 재구조화(수업 마디 나누기)

• 이 과정을 통해 수업을 구조화해 보기
• 수업에서 발생할 수 있는 다양한 가능성을 찾아보기
• 수업의 진행방향과 다른 방향 생각해 보기(예, 내가 수업자라면?)
• 수업의 방향에 대해 시뮬레이션 해 보기

추출 학생의 관찰보고를 통해 토론의제 설정하기

• 추출 학생 관찰자가 먼저 보고
• 망라적인 보고보다는 키포인트를 잡아 보고
• 참가자들이 의견을 제시
• 토론의제 설정하기: 교사의 수업의도, 관찰자의 보고, 참가자의 의견을 종합하여 협의하에 결정

❏ 수업자의 수업의도 및 문제의식에 관해 협동적으로 해결책 모색하기
→ 참가가 전원은 수업자의 문제의식에 대해 자신의 경험과 노하우를 기반으로 해결책 제시와 함께 수업에 대한 새 방향을 함께 모색해 본다.

붙임쪽지를 활용한 수업분석 방법의 경우, 느닷없이 망라적으로 붙임쪽지를 붙여 버리는 방법도 있을 수 있지만 이럴 경우, 전체를 이해하는 것이 곤란하게 되어 서로 토론하는 이야기의 포인트가 흐려져 버리기 때문에 처음에는 가장 중요하다고 생각하는 부분을 선정하고 여기에서부터

순차적으로 붙여 가는 것이 중요하다. 예를 들어, 추출 학생에 대해서 관찰자에게 포인트가 되는 행동이나 발언에 관해 붙임쪽지를 최초로 수매씩 붙이도록 하고, 이것에 근거하여 서로 이야기를 시작하면서 연관되는 사실이나 의견을 나누는 형태로 진행하는 방식도 하나의 방법으로 생각해 볼 수 있을 것이다.

지금까지의 논의를 기반으로 '참여형 수업연구'를 통한 문제해결의 방법과 절차에 관해 정리하면 〈표 2-1〉과 같다.

〈표 2-1〉 '참여형 수업연구'의 방법과 절차

단계	활동	구체적인 내용	준비
step 1	연구수업의 관찰과 기록	속기록, 추출 학생 선정 및 기록, 교사의 바람이나 수업 의도에 맞추어 관찰 및 기록	속기록자 선정, 추출 학생 관찰자 선정, 캠코더 촬영자 선정(참가자 역할분담), 속기록 양식 미리 만들기
step 2	붙임쪽지에 기입	시간과 함께 기록, 알게 된 사실이나 느낌 기록(관찰 중이나 관찰 후에 기록해도 무방)	붙임쪽지(참가자 개인당 30매 이상)
step 3	연구수업 직후에 속기록의 정리	큰 모조지에 속기록을 확대 복사하여 붙임.	모조지를 활용한 종합기록 양식 미리 만들기
step 4	속기록을 기초로 수업의 흐름을 확인	수업의 흐름에 대해 분절 나누기 형태로 이야기하기 - 수업의 구조화	사회자 선정
step 5	추출 학생에 대해 보고	종합기록에 붙임쪽지를 붙여 가면서 추출 학생의 학습 상태에 대해 보고함.	
step 6	추출 학생에 대해 초점을 두고 구체적으로 이야기함	학생의 상태, 발달의 가능성, 학생에 대한 지도 방법을 모색함.	(그룹으로 나눌 필요가 있을 경우 그룹 나누기)
step 7	종합정리	토론에 대한 성과의 보고 수업자의 코멘트, 관찰자의 의견, 연구성과의 확인	

4. 참여형 수업연구의 가치와 가능성

　'참여형 수업연구'의 과정은 수업자가 제기한 문제해결에 도움을 주고 참여자가 함께 방법을 모색해 가는 동일한 목표를 가지고 출발한다. 따라서 수업자의 문제의식은 결국은 같은 교사로서 그들 역시 겪는 문제이기 때문에 곧 참여자 자신의 문제해결이 될 수 있다는 점에서 수업연구 참여자들에게 보다 높은 동기부여를 제공할 수 있다.

　이러한 방식의 수업연구는 참여자들의 역할분담과 함께 사회자의 역할이 무엇보다도 중요하다. 기존의 '수업 후 협의회'에서 사회자는 특별한 준비 없이 주어진 절차에 따라 진행해 왔으나 이 글에서 제시하는 '참여형 수업연구'에서는 수업자의 의도를 누구보다 깊이 인식하고 있어야 하고, 이 과정에 대한 깊은 이해가 동반되어야 한다. 왜냐하면 관찰자와 수업자, 혹은 관찰자와 관찰자 간의 상호대화를 어떻게 조화롭고 의미 있게 만들어 가느냐에 따라 수업연구의 목적달성과 함께 성과를 나타낼 수도 있고, 전혀 다른 방향으로 진행될 수도 있기 때문이다.

　'참여형 수업연구'는 2006년 전라북도를 시작으로 강원교육청, 대구광역시 등 우리나라 몇몇의 학교에서 진행되고 있다. 나는 그간의 연구와 실천을 통해 참여형 수업연구가 갖는 의의를 다음 두 가지 점에서 특히 강조하고자 한다.

　첫째, 기존의 수업연구모형들이 교사의 역할이나 입장을 중심으로 수업을 분석하는 측면이 강하지만 이 글에서 제시한 '참여형 수업연구' 모형은 추출 학생을 중심으로 학생의 눈을 통해 학습자적 관점에서 수업을 이해하고 분석하는 방법이다. 이는 학생들의 입장에서 수업이 갖는 의미를 조명하고 분석하는 것으로, 수업의 질적 개선을 위해서는 수업분석을 통한 수업연구의 방향과 관점에 대한 패러다임의 전환이 필요하다는 점을 제시한다. 요컨대 이러한 관점은 교사나 교수 중심의 수업연구에서 학생이나 학습 중심의 수업연구로 그 패러다임의 전환의 필요성을 제기한다.

둘째, 기존의 많은 수업연구가 외부의 상급기관에 의해 주도되는 장학활동의 일환으로 이루어지는 형태를 취하지만 이 글에서 제시하는 '참여형 수업연구' 모형은 단위학교가 중심이 되어 단위학교 교사들을 중심으로 자율적으로 실시하는 것이 가능하다는 점이다. 특히 수업자의 수업의도와 문제의식에 기반을 두고 협동적으로 함께 문제를 해결해 간다는 점에서 교사들의 실제적인 수업전문성 신장으로 이어질 수 있다. 이는 수업공개에 대한 거부감이 많은 학교현장의 교직문화의 특성에 비추어 볼 때, 교사들에게 직접적으로 동기를 부여해 줄 수 있는 보다 현실에 적합한 수업연구모형으로 자리매김이 가능할 것이다.

참여형 수업연구의 방법은 학생 중심 수업연구이고, 문제해결 중심 수업연구이기도 하며, 참여자 간의 협동 중심 수업연구이기도 하다. 오랫동안 '참여형 수업연구'를 실천해 온 수곡초등학교의 전수환 교장은 '참여형 수업연구'에 대해 '인간 중심의 수업연구'라는 이름을 새롭게 붙여 주었다. 수업연구의 과정이 학생을 중심에 놓고 학생 개개인의 발전 가능성과 잠재력을 발견하고 행복한 성장이라는 전인적인 관점에 초점이 놓여 있다는 이유에서다.

그럼에도 불구하고 나는 이 책에서 제안하는 '참여형 수업연구'를 통한 협동적 문제해결 방식의 수업연구 방법은 어떤 상황, 어떤 곳에서나 일률적으로 적용될 수 있는 수업 연구 및 분석의 바이블과 같은 존재로 생각하지 않는다. 학교와 지역사회의 상황, 교실 및 교사나 학생의 상황에 따라서 융통성 있게 활용하는 것이 필요하다. 각 학교 선생님들께서는 자신이 소속한 학교의 상황에 맞는 수업연구의 방식을 개발하고 더욱 정교화해 갈 것이 요구된다. 끝으로 교육현장에서 '참여형 수업연구'가 하나의 계기가 되어 교사에게는 자신의 수업성찰을 통한 전문성 신장에 도움이 되고, 학교에서는 협력문화 구축을 통한 다양한 문제해결에 기여할 것을 기대한다.

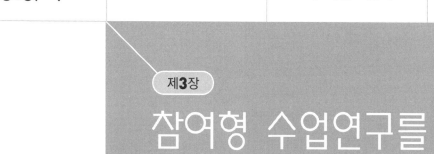

제**3**장

참여형 수업연구를
통해 바라본 나의 성찰

 유승원

참여형 수업연구를 통해 바라본 나의 성찰

❖ 유승원

1. 참여형 수업연구를 준비하기 위해서

지난 2012년 8월 EBS를 통해 접하게 된 '선생님이 달라졌어요'는 나에게 너무도 신선하게 다가왔다. 전문가를 통해서 자신의 수업을 되돌아보며, 아이들과의 관계를 개선하기 위해 많은 눈물을 흘리던 선생님들의 모습을 보면서 나도 지난 교직생활을 되돌아보는 계기가 되었다.

'저 선생님들과 나는 무엇이 다른 걸까?'
'저 선생님들처럼 나도 앞으로의 남은 교직생활을 위해서 무엇을 변화시켜야 할까?'
'나도 변화할 수 있을까? 나도 변하고 싶다.'

지난 2012년, 그동안 발명교실을 운영하면서 쌓아 온 모든 것을 내려놓고, 수곡초등학교로 발령을 받아 근무를 하게 되었다. 이곳으로 발령이 나서 와 보니, 수곡초등학교는 혁신학교 1기로 지정받아 2년 차를 운영하고 있었다.

그동안 근무했던 곳과는 사뭇 다른 학교문화, 교사의 자율이 보장되고, 민주적인 의사결정이 이루어지는 학교, '아, 이곳이 내가 꿈꾸던 학교였구나!' 하는 생각에 3월이라는 시간이 어찌나 빠르게 지나가던지…….

그러나 그것도 잠시, 아이들과의 관계에서 허덕이는 나의 모습을 볼 수 있었다. 지난 5년간 교과 전담만 해서인지 학습적인 부분에서는 어렵지 않았으나, 아이들과의 관계에서 많은 어려움을 겪었다. 서로 다른 곳에서 모인 많은 아이들, 여느 시골학교와 달리 많은 학생 수, 그리고 원주민보다 시내에서 통학하는 아이들, 6년 만에 맡게 된 2학년 아이들, 우리 아이들은 너무도 귀엽고, 사랑스러웠지만, 그동안 손을 놓고 있었던 담임이라는 역할을 하면서 어딘지 모르게 벽을 만나게 되었다.

이렇게 한 학기를 허덕이며 아이들과 씨름하고, 큰소리치고, 윽박지르고, 무엇인가 잘못되고 있을 무렵, 여름방학을 맞아 잠시 아들과 헤어져 있는 시간을 가질 수 있었다. 이 무렵 EBS 교육방송에서 〈선생님이 달라졌어요〉를 보게 되었고, '이 얼마나 내가 필요로 하는 프로그램이었던가?' 하는 생각을 하게 되었다.

난 누군가 나의 수업과 생활 지도를 보면서 내가 보지 못했던 나의 문제점을 알고 싶었다. 이를 통해서 남은 나의 교직생활을 새롭게 시작해 보고자 하였다. 여름방학이 끝나고 2학기가 시작될 무렵, 연구부장을 맡던 선생님께서 장학사로 전직을 하게 되었다. 이때 난 새로운 결심을 하게 되었다. 그동안 고집스럽게도 10여 년동안 해 오던 과학업무가 아닌 새로운 업무를 해 보자라는 생각으로 덜컥 연구업무를 맡았다. 모험이었다. 2012년 9월 새로운 모험을 시작하게 되었다. 벽지학교, 혁신학교, 자율학교, 2012년 교육과정 우수학교라는 타이틀을 가진 수곡초등학교의 연구담당을 한다고 나선 것이다. 물론 이미 짜여진 교육과정을 여러 선생님과 함께 운영만 하면 되니 그다지 어렵지 않은 업무였다.

　또한 같은 시기에 지금의 교장 선생님이신 전수환 교장 선생님께서 초빙교장으로 우리 학교에 부임하게 되셨다. 처음 생각했던 '선생님이 달라졌어요' 형식의 수업 공개가 아닌 아이들의 눈으로 보는 참여형 수업 공개를 실시하게 된 배경에는 우리 전수환 교장 선생님의 영향이 컸다.

　연구업무를 맡으면서 가장 먼저 하려 했던 것이 나 자신을 포함하여 우리 학교 선생님들이 수업을 위해 얼마나 노력하고 있는지, 그리고 수업을 위해 얼마나 학교가 지원하고 있는지에 관한 파악이었다. 이미 세워진 교사연수 프로그램 운영을 위한 예산을 집행하기 위해 몇몇 대학 교수님과 전문가를 통해 교사성찰 프로그램을 운영하려 하였으나, 잘 진행이 되지 않았다. 아니 그러한 전문가를 모시기 위해서는 시골의 작은 학교에서는 불가능한 일이었다. 이렇게 고민하고 있을 무렵 교장 선생님께서 성당초등학교의 참여형 수업 공개를 소개해 주셨다.

　2012년 12월 선생님들과의 논의 끝에 시작해 보자는 결론을 내렸고, 성당초등학교의 선생님의 모셔 교사연수를 실시하였다. 성당초등학교 선생님들을 모시고 성당초등학교의 사례연구를 통해서 우리 학교 선생님들도 할 수 있을지를 먼저 고민하였다. 그리고 전주교육대학교 천호성 교수님의 『수업분석의 방법과 실제』라는 교재를 구입하고 독서토론을 통해 서로 정보를 나누고, 천 교수님을 직접 모셔서 구체적인 방법을 연수받았다.

　많은 선생님들께서 버거워하는 느낌을 받았다. 언제나 바쁘게 움직이는 선생님들, 아이들과 항상 씨름하시는 우리 선생님들이 과연 시간을 내서 할 수 있을까라는 생각을 하게 되었다. 하지만 우리 선생님들은 달랐다. 아무리 바빠도 아이들을 위해서, 그리고 우리 교사를 위해서 앞으로 1년 함께 해 보자라고 서로를 독려하며, 2013년 2월 천호성 교수님과 함께 구체적인 일정을 맞추어 나가기 시작하였다.

2013년 참여형 수업연구, 모든 교사가 연 2회 수업 공개를 통해 자신의 수업을 성찰해 보며, 우리 아이들이 어떻게 수업에 참여하고 있으며, 무엇을 통해서 배움이 일어나는지를 알아보고자 하였다. 그렇게 하여 우리 수곡초등학교 선생님들은 2013년을 너무도 바쁘게 수업을 하면서 생활해 왔다.

2. 참여형 수업연구를 시작하다

그럼 이제부터 지난 2013년 참여형 수업연구를 통해서 본 나의 모습을 말해 보고자 한다.

2013년 3월 1일 가실 분은 가시고 새로운 선생님께서 수곡초등학교에 부임해 오셨다. 지난해 연구업무에서 난 다시 본래의 업무로 돌아왔다. 연구가 아닌 과학, 환경업무를 맡게 되었다. 지난 9월에 발령받아 오신 선생님께서 2013년 혁신학교 3년 차 마지막을 운영하는 것이 나보다 더 나으리라는 생각에, 그리고 우리 학교에서 연구업무와 가장 잘 맞는 선생님이라는 생각에 넘길 수 있었다.

이제 그동안 준비했던 모든 것을 새롭게 판을 짜고 다시 시작할 수 있었다. 난 우리 연구담당 선생님께서 판을 짜 놓은 곳에 발만 담그면 되었다. 7명 선생님, 그리고 한 학기에 한 번, 모두 14번의 수업 공개 …… 많다는 생각을 하였다. 하지만 우리 선생님들은 어느 누구 하나 불평하지 않고 정말 열심히 참여하였다.

첫 수업은 6학년 선생님께서 먼저 하셨다. 보여 주기 위한 수업이 아니라 실제 평소에 이루어지는 수업을 통해서 선생님보다는 아이들을 보았다. 선생님의 수업 진행에 따라 우리 아이들이 어떻게 반응하고, 어떻게 수업에 참여하고 있는지를 보았다. 1차시의 수업을 통해서 우리는 수업을 하시는 선생님이 보지 못한 것, 아이들의 배움이 어떻게 일어나는지를 관찰하였다. 그리고 이어지는 협의회, 수업 공개를 많이 해 봤지만 정말 이렇게 긴 협의회는 교직생활 이후 처음이었다. 무려 5시간 이상을 한 것 같다.

수업을 참관한 선생님들은 아이들 이야기를 하였다. 사전에 수업을 공개하신 선생님께서 추출한 학생들의 이야기를 통해서 우리 아이들이 수업에 어떻게 참여하고 있는지를 이야기하였다. 그 속에서 많은 것을 얻을 수 있었다. '아 내 수업에 이 아이가 이렇게 하고 있었구나!'라는 것을 알 수 있었다.

이렇게 첫 수업연구가 끝나고 나서 나의 수업을 다시 되돌아보았다.

너무도 개성이 강한 13명의 아이들, 남학생 12명, 여학생 1명. 이 중에는 마을 원주민 자녀인 아이가 3명, 산촌유학을 온 친구가 1명, 그리고 학교를 찾아 이주해 온 아이 1명, 그리고 시내에서 여기 학교가 좋아 버스를 타고 통학을 하고 있는 아이 8명. 개성이 강하고, 서로 다른 환경에서 자라 온 아이들이 모여 한 학급을 이루고 있었다.

남학생이 많다 보니 항상 산만하고 소란스러운 학급 분위기, 그리고 집중을 하지 못하는 아이들, 나의 수업은 항상 전쟁터를 방불케 했다.

그중 가장 힘들었던 시간이 수학시간이었다. 기초학습이 전혀 되어 있지 않은 아이들, 도저히 5학년이라고 생각되지 않을 만큼 수준 미달인 아이들이 무려 4명이나 되었다. 나머지 친구들은 여느 5학년과 같이 수업에 잘 따라왔다.

그러다 보니 모든 수학수업이 4명의 아이들 중심으로 수업이 진행되어 갔다. 자연스럽게 나의 수업에서 전체의 아이들과 함께 수업을 하는 게 아니라 학습부진을 겪고 있는 4명의 아이들을 위한 수업이 전개되었다. 수학시간만 되면 화가 났다. 내가 지금 우리 아이들에게 수업을 하고 있는 건지, 아니면 화를 내고 있는 건지 몰랐다.

"넌 왜 이것도 모르니?" "넌 도대체 지난 학년에서 뭘 배우고 온 거지?"

"공부에 관심은 있는 거니?" "앞으로 커서 뭐가 될래?" 이런 질문으로 수업을 끝내는 날 보게 되었다. 짧은 교직경력을 가지고 있지만 교사로서 한계에 부딪히는 날이 점점 많아졌다. 그렇다고 나머지 아이들이 수업에 잘 참여하는지조차 알지 못했다.

3. 수업의 목표를 정하며

참여형 수업연구가 시작되고 몇 분의 선생님들의 수업연구가 실시되었다. 그리고 내가 수업연구를 준비해야 될 시기가 다가왔다. 그동안 고민해 왔던 수학교과를 목표로 삼았다. 수학이 아닌 다른 교과에서는 우리 아이들과 별다른 어려움을 가지고 있진 않았다. 오히려 수학에 어려움을 가지고 있던 아이들이 더 많이 발표하고, 더 잘 수업에 참여하려고 하는 모습도 볼 수 있었다.

무엇이 문제였을까? 내가 무엇을 잘못하고 있기에 이 아이들이 수학에서 이렇게 어려움을 가지고 있을까? 많은 생각과 고민을 하였다.

첫 번째 수업 공개에서 나는 다음과 같은 의도를 가지고 수업안을 작성하였다.

❑ 수업자의 의도

5학년 친구들의 구성을 보면 남학생 12명과 여학생 1명으로 구성되어 있다. 5학년 친구들의 학습에서 가장 차이를 가지는 과목이 수학이다. 단계를 뛰어넘지 못하고 지금 3학년 수준에 머물러 있는 친구가 4명 정도 있으며, 또한 친구는 이미 학원에서 학습을 마치고 온 학생이 1명 있다. 나머지 친구들은 보통의 아이들이다.

이에 본 교사는 4명의 부진 학생을 중심으로 수학수업을 하여 왔다. 그러다 보니 나머지 9명의 친구들이 학습이 이루어졌는지, 수업에는 잘 참여하고 있는지, 또 이런 수업 방식이 교사로서 올바른 수업 방식인지 나름 고민해 보고자 한다. 그리고 이 4명의 학생들의 수준을 더 높여 다른 친구들과 함께 학습을 할 수 있는 방법을 찾아보고자 한다.

이런 의도로 첫 번째 나의 참여형 수업연구가 시작되었다.

❏ 추출 학생 선정 및 동기

> 추출 학생: A

A학생은 산촌유학 학생으로 지난 2012년 11월에 원주에서 전학 온 학생이며 현재 고모네 집에서 거주하고 있다. 아버님은 정읍에서 병원에 근무하고 계시지만, 어머님은 현재 원주에 있는 대학에서 공부를 하고 계신다. 부모님은 나이 차이가 많으며, 아버님께서 직접 A학생을 돌보지 못하여 산촌유학을 보내셨다고 한다. 기초학력이 매우 부족하며, 교우관계도 원만하지 못하여 학교생활에 많이 적응을 못하고 있다. 또한 방과 후 수업을 거의 하지 않으며, 부모님과 함께 살기를 원하고 있다. 수학시간에 기초학습이 되어 있지 않다 보니 5학년 수준의 문제를 잘 해결하지 못하고 특히 곱셈과 나눗셈이 되지 않아 학기 초 거의 수업에 참여하지 못하였다. A학생은 비행기에 관심이 매우 많아 다른 친구들보다 만들기에 욕심을 많이 가지고 있다.

> 추출 학생: B

B학생은 내성적인 성격을 지닌 학생으로 대부분 조용하고 소극적인 모습으로 있는 아이다. 학기 초부터 다른 친구들과 어울리지 못하고 항상 혼자 있는 모습을 많이 보였다. 마치 혼자서 12명의 친구들을 따돌리듯이

매사에 혼자 있는 모습을 많이 보였다. 심지어 점심시간에도 5학년 친구들과 함께 먹지 않고, 다른 학년에서 혼자 먹는 모습을 많이 보였다. 우리 학교에서 가장 잘 어울리는 친구는 6학년 B학생이다.

B학생은 기초학력이 부족하며, 수학학습이 이루어지지 않아 곱셈과 나눗셈에 많은 어려움을 가지고 있다. 그러나 다른 과목에서는 적극적으로 수업에 참여한다. 지속적으로 부모님과 함께 수학공부를 한다고는 하는데, 좀처럼 오르지 못하고 3학년 수준에 머물러 있다. 부모님은 B학생의 학교생활에 많은 관심을 가지고 있으나, 학습적인 부분에서는 초등학교 단계는 많이 놀아도 되는 시기로 생각하고 계신다.

추출 학생: C

C학생은 마을에서 거주하는 학생이다. 재혼한 부모님 밑에서 생활하고 있으며, 농사일을 하시는 아버지는 C학생의 학습에 무관심하다. 또한 재혼가정으로 대부분 조부모에 의해 양육이 이루어지고 있다. 학교생활에서 교우관계는 원만한 편이나, 친구들과 다툼이 많이 일어나며, 학습에는 관심이 없다.

기초학력이 부족하며, 특히 수학은 곱셈과 나눗셈이 부족한 편이다. 다른 과목에서는 발표도 잘하지만, 수학은 문제해결에 많은 어려움을 가지고 있다.

추출 학생: D

D학생은 학교 앞 마을에 거주하고 있으며, 어머님 홀로 D학생을 키우고 계신다. 군대에 간 형이 2명 있으며, 중학생인 형이 한 명 있다. 아들만 넷을 키우고 계신다. 모든 과목에서 저조한 성적을 나타내고 있으며, 추출 학생 4명 중 가장 뒤처지는 아이다. 교우관계도 원만하지 못하고, 친구들

에게 자주 따돌림을 당하는 편이며, ○○이와 다툼이 자주 일어나는 아이다. 혼자 되신 어머님은 아침 일찍 일을 나갔다가 저녁 늦게 집에 돌아오신다. 집에 가면 항상 혼자 있으며, 중학생인 형과 저녁을 차려 먹는다고 한다. 어머님은 아침에 잠깐 보는 정도라고 한다. 그러다 보니 D학생의 학습은 가정에서 전혀 이루어지지 않고 있고 있으며, 오직 학교에서만 학습이 이루어지고 있다. 이 또한 현재 3학년 학생의 학습 수준에 머물러 있으며, 사칙연산에 매우 어려움이 있다. 그러다 보니 학습에서 뒤처지게 되고, 수업에 잘 참여하지 못하게 되었다.

　수업은 평소와 다름없이 전개하였다. 다음과 같이 교수ㆍ학습 과정안을 작성하고, 정말 여러 선생님, 학부모님, 그리고 교수님을 모시고 나의 수업을 열었다.

수학과 교수ㆍ학습 과정안

■ 단원: 7. 평면도형의 넓이
- 차시: 3/10차시(수학 100−101쪽, 익힘책 114−115쪽)
- 학습주제: 삼각형의 넓이 알기

■ 교수ㆍ학습활동

단계	학습내용	교수ㆍ학습활동	시간	비고
문제 확인 및 해결 방법 탐색	전시학습	■ 동기유발 － 평행사변형의 넓이를 구하는 동영상을 시청하기 － 평행사변형의 넓이를 구하는 방법 발표하기	3′ (3′)	★동영상 시청
	학습문제 확인	삼각형의 넓이를 구하는 방법을 이해하고, 넓이를 구하여 봅시다.	1′ (4′)	

문제 확인 및 해결 방법 탐색	학습활동 안내	■ 학습활동 안내하기 (활동 1) 단위넓이를 이용하기 (활동 2) 삼각형 두 개로 평행사변형 모양 으로 바꾸기 (활동 3) 삼각형의 넓이 구하기	1′ (5′)	

문제
해결
	학습
	활동 1
		■ 단위넓이를 이용하여 넓이 구하기
		  – 삼각형에 있는 1㎠인 단위넓이를 찾아
		    모두 색을 칠하기
		  – 삼각형에는 1㎠인 단위넓이가 몇 개인
		    지 알아보기
		  – 색칠하지 않는 부분을 알맞게 옮겨 붙
		    여 놓으면 1㎠인 단위넓이가 몇 개의 넓
		    이와 같은지 알아보기
		  – 삼각형의 넓이를 1㎠인 단위넓이를 이
		    용하여 구할 수 있는지 알아보기
		  – 삼각형의 넓이 알아보기
			10′
			(15′)
				★색연필

	학습
	활동 2
		■ 삼각형 2개로 평행사변형 모양으로 바꾸기
		  – 삼각형 2개를 이용하여 평행사변형 모
		    양으로 바꾸기
		  – 삼각형에서 평행사변형의 밑변에 해
		    당되는 것 알아보고, 이름 붙이기
		  – 삼각형에서 평행사변형의 높이에 해
		    당되는 것을 알아보고, 이름 붙이기
			10′
			(25′)
				★삼각형 실물 2개씩

	약속	■ 삼각형의 밑변과 높이 약속하기 삼각형 ㄱㄴㄷ에서 변 ㄴㄷ을 밑변이라 고 하고, 꼭짓점 ㄱ에서 밑변에 수직으로 그은 선분 ㄱㄹ을 높이라고 한다.	1′ (26′)	
	학습 활동 3	■ 삼각형의 넓이 구하기 삼각형 두 개로 다른 모양의 도형으로 바 꾸기 만든 도형의 넓이를 이용하여 구한 삼각 형의 넓이는 얼마인지 알아보기 삼각형의 넓이 구하는 방법 말해 보기	10′ (36′)	★자

적용
및
발전
	학습
	내용
	정리
		■ 학습내용 정리하기
		오늘 공부한 내용을 정리하여 발표하기
		■ 다음 차시 안내
		  – 다음 시간에는 직각삼각형과 둔각삼
		    각형의 넓이를 구하는 방법과 밑변의
		    길이가 같고 높이가 같은 삼각형의 넓
		    이를 알아보기로 하겠습니다.
			4′
			(40′)
				★동영상 시청

4. 수업을 통해서 나를 되돌아본다

수업이 끝난 후 우리 반 아이들이 나에게 처음 한 말이 아직도 기억에 생생하다.

"선생님 평소 수업과 너무 달라요."

난 평소 하던 그대로의 수업을 한다고 하였지만, 아이들의 눈에는 준비된 수업으로 보였구나라는 생각을 해 보았다. 여기까지는 여느 수업연구와 별다른 차이가 없었다.

과거의 수업연구는 정말 많은 시간 동안 연구하고, 수업자료를 만들고, 누군가에게 보여 주기 위한 수업이었다면, 이번 참여형 수업연구는 실제 내 수업을 통해서 나의 수업을 내 스스로 보기 위한 수업연구로 진행되었다.

비디오 촬영을 통해서 처음으로 나의 수업을 내 눈으로 직접 볼 수도 있었다. 내 눈으로 본 나의 수업은 수업이 아니었다. 말 그대로 아이들과 난 한 시간 동안 전쟁을 하는 기분이었다. 처음부터 다시 나의 수업을 보면서 아이들에 관한 이야기를 하였다. 추출 학생으로 선정한 4명의 아이들을 중심으로 수업이 진행되는 동안 어떻게 수업에 참여하고 있는지 보았다. 또한 선생님들께서 관찰하신 아이들의 이야기를 통해서 나의 수업에서 무엇이 문제인지, 우리 아이들이 어떻게 수업에 참여하고 있으며, 배움이 일어나는지를 알게 되었다.

정말 많은 시간 동안 나의 수업을 통해서 아이들에 대한 이야기를 하였다. 여기에 그 시간에 있었던 모든 이야기를 담을 수는 없지만, 정말 처음 느껴보는 수업 협의회였다. 아이들의 이야기에서 나의 수업의 문제점을 찾았다. 너무 일방적으로 진행된 나의 수업, 아이들이 잘 따라오고, 이해하고 있을 거라 생각했던 나의 수업, 그동안 심각한 학습부진을 가지고 있는 아이들을 중심으로 수업을 진행하다 보니, 다른 아이들의 학습에 도움이 되지 않고 있다는 것도 알게 되었다. 난 그동안 4명의 친구들만을 위한 수업을 하고 있었다.

수업연구 협의회를 통해서 누구 하나 나의 수업에 대해서 직접적으로 무엇이 잘못되었는지를 말하지는 않았다. 하지만 나의 수업을 지켜본 선생님과 교수님들의 하시는 아이들의 이야기를 통해서 나의 문제점을 찾을 수 있었다. 아이들 하나하나의 특성을 이해하고, 아이들의 눈높이에 맞추어 수업을 설계하며, 수업에 아이들이 직접 참여할 수 있도록 해야 한다는 것이 물론 쉬운 일은 아니다. 1차 수업연구를 통해서 알게 된 나의 문제점을 고치기 위해서 조금씩 바꿔 가기 시작하였다. 아이들도 함께 변화하기 시작하였다. 작은 시작이었지만 우리 아이들과 내가 변화를 가지니 나만의 수업에서 우리 반 아이들과 함께 하는 수업으로 바뀌기 시작하였다.

4명의 친구들을 중심으로만 이루어지던 수업을 조금씩 다른 아이들에게도 관심을 가지고 수업을 진행하게 되었다. 그렇다고 해서 학습부진을 가지고 있던 아이들이 하루아침에 수학에 재미를 가지게 되고 잘 따라오진 않았다. 아이들의 수준에 맞는 학습지를 선정하여 주었다. 매일 조금씩 아이들에게 과제를 제시하여 풀어 오게 하였다. 아이들이 가지고 있었던 기초연산을 매일 반복하며 학습할 수 있도록 하였다. 2학기가 되자 학교에서도 학습부진을 가지고 있던 아이들을 위해서 수학 보조선생님을 선발하여 투입하였다. 매일 1시간씩 그 아이들을 위해서 지도하였다. 난 나의 수업에 4명의 친구를 중심으로 잡고 나머지 친구들의 수학학습에도 관심을 가지고 수업을 진행하였다.

이렇게 나의 수업에 변화가 시작되었고, 드디어 2학기 두 번째 수업연구가 진행되었다. 기초연산에서는 많은 진전이 있었지만, 개념을 이해하지 못한 부분에서 우리 아이들이 막히기도 했다. 1차시 수업설계를 통해서 우리 아이들과 함께 하려 했던 수업이 그리 만족스럽진 않았지만, 1차시의 수업이 정말 짧게 지나가는 순간이었다. 많은 아이가 수업에 집중하고, 재미있게 수업에 참여해 주었다.

제**4**장

일곱 빛깔 수업에
알록달록 꿈을 담아

❖ 김미자

제**4**장
일곱 빛깔 수업에 알록달록 꿈을 담아

❖ 김미자

1. 설레는 마음으로

참여형 수업연구!

친근한 것 같으면서도 다소 생소한 이 말을 처음 들었을 때, 왠지 모를 설렘과 호기심이 나를 이끌었다. 경력이 많아질수록 수업에 대한 관심이 많아졌는데 그 와중에서도 왠지 모를 갈증 같은 것을 느끼고 있어서일까? '참여형 수업연구'를 통해 무언가 내 손에 잡힐 것만 같은 것을 찾고 싶은 마음이랄까? 천호성 교수님을 작년 말에 뵙고 올해는 14번의 약속 안에서 한 번 한 번 뵐 수 있었다.

어느덧 1년여의 세월이 지난 지금, 내가 참여형 수업연구를 통해 무엇을 느끼고 깨닫게 되었는지 되돌아본다.

참여형 수업연구는 사전 협의회–수업 공개–수업 후 협의회–수업후기 작성의 순서로 이루어진다. 사전 협의회는 수업 공개 며칠 전에 전 교사들이 모여서 수업자의 수업의도 듣기, 수업시간에 관찰하기를 원하는 추출 학생에 대한 설명 듣기, 역할분담 정하기, 수업 과정안에 대한 협의 등으로 이루어진다. 수업 공개 후 이루어지는 수업 후 협의회에서는 수업에 대한 다양한 의견들을 나누는데, 특히 추출 학생 관찰에 대한 많은 이야기들을 바탕으로 그 학생들의 구체적인 지원 방안을 논의하고 학급마다의 특수성에 대한 다양한 이야기와 그와 관련된 교육적 지원 방안 등이 논의된다.

수업 후 협의회가 끝나고 난 후에는 수업과 협의회에서 논의된 내용들을 내 수업에 적용해 보고자 '수업후기'를 작성하는데, 여기에서는 각 선생님들의 수업이 끝난 후 그 수업을 나에게 어떻게 적용할 것인가로 고민한 수업후기를 중점으로 하여 기록해 보려 한다. 수업후기를 따라가다 보면 참여형 수업연구를 통하여 내가 느끼고 깨달은 점들을 발견할 수 있을 테니까.

2. 빛깔 하나, 6학년 사회수업 – 사전 협의회의 중요성

기다리고 기다리던 참여형 수업연구의 첫 번째 시간이었다. 기대도 많았고 설렘도 많았는데, 사전 협의회 시간까지도 방향을 잘 잡고 있지 못한 느낌이 있어서인지 그날의 수업은 왠지 많은 기대를 가지게 했었다.

6학년의 수업이 시작되었고, 사전 협의회 때 분담했던 역할에 따라 집중해서 관찰 지정자에 대한 관찰을 시작하였다. 나의 역할은 교사관찰이어서 수업자에 대한 관심을 가지고 일거수일투족을 관찰하였다.

수업이 끝난 후 실시된 협의회에서는 참석하신 선생님들의 진지한 고민과 토론이 이루어졌다. 추출 학생이었던 A학생에 대한 이야기가 계속되면서 평소 담임선생님은 자세히 알지 못했던 A학생에 대한 관찰내용들이 계속 나왔다. A학생에게는 친구관계가 좋아지면서 수업참여도 좋아졌음과, 가정과 연락하여 주지교과 이외의 시간에 발표기회를 많이 부여하는 방안, 진로 지도의 필요성 등도 함께 논의하게 된 것은 좋은 성과라고 생각된다.

다음으로 교사관찰에 대한 이야기도 나누었는데, 학생들이 수업에 관심과 참여가 급상승한 때가 학생들의 관심이 많은 휴대폰을 예시로 들었을 때였음을 공감하였다. 또한 모둠활동이 16분 동안 진행된 것에 비하여 그 시간 동안 학생들 개개인이 활발하게 각각의 역할을 가지고 참여하지 못했음에 대한 반성이 이어졌다. 이를 보완하기 위해서는 모둠활동 전에 학생 개개인의 역할에 대한 자세한 안내가 이루어져야 더 큰 효과가 있음을 다시 한 번 깨닫게 되었다. 또한 모둠활동 후 결과물을 기록하는 것에 국한하지 말고 다양한 방법으로 표현할 수 있도록 하는 것도 모둠활동을 좀 더 효율적으로 하는 방안일 수 있을 거라 생각되었다.

전체적으로 학생들이 수업시간에 스스로 생각할 시간이 적었고, 교사와 학생 간의 관계형성이 수업의 주요요인이라는 것, 관찰자의 역할분담으로 인해 관찰자가 수업에 대하여 좁고 깊게는 볼 수 있으나, 전체를 볼 수는 없어 수업 후 협의회에 다양하고 활발하게 참여할 수 없었다는 점– 그리하여 다음 협의회부터는 수업 전체를 촬영한 비디오를 함께 시청한 후 협의회를 진행해야 한다는 점 등에 대한 많은 의견이 있었다.

'왜 우리는 이렇게 많은 시간과 노력을 들여서 참여형 수업연구를 실시하는가?'에 대한 선생님들의 고민에, 이 시간이 우리 '학생들'을 위한 시간이기 이전에 바로 '나'를 위한 시간이라는 생각은 나로 하여금 다시금 이 수업연구에 에너지를 실을 수 있도록 하게 하였다. 또한 사전수업 협의회 때 협의의 방향을 잘 잡지 못하여 답답하였던 마음이 이 첫 번째 협의회로 인하여 어느 정도 해결되었던 것 같다. 다만 우리 학교 선생님들의 협의회 때 발언이 타 학교에서 참관하신 선생님들의 발언보다 좀 미미했던 점은 조금의 아쉬움으로 남는다. 앞으로 남은 13번의 수업연구라는 길고 긴 항해를 끝까지 감당해야 하는 우리 학교 선생님들이기에 지치지 않는 열정으로, 교육에 대한 끝없는 고민으로 함께 목적지까지 잘 도착할 수 있기를 희망하면서 이것으로 첫 번째 수업후기를 갈음해 본다.

수업에 대한 교사의 계획과 고민, 사전 협의가 잘 이루어졌을 때 학생들의 수업참여와 수업목표 도달도가 높을 수 있기에 사전 협의회의 중요성을 다시 한 번 더 인식할 수 있었다.

3. 빛깔 둘, 6학년 과학수업 – 모둠구성에 대한 다양한 생각

지난달의 첫 번째 참여형 수업연구에 이어서 두 번째 수업연구를 마쳤다. 첫 번째에 미진하였던 수업구성면을 사전에 선생님들과 조금 더 협의했기 때문에 그런 협의내용이 이번 수업에 어떻게 영향을 미칠 것인지 기대 반 관심 반으로 수업에 참여하였다.

나의 역할은 이번에도 교사관찰이어서 수업교사를 진지하게 관찰하였다. 활동 1을 할 때 사전 협의회 때 논의되었던 종이컵과 관련된 자료 대신 수많은 카드가 수업자료로 제시되어 조금은 의아한 생각으로 지켜보았다. 협의회에서 담당선생님은 사전 협의회 후 자신만의 방식으로 내용을 다시 수정해서 수업에 적용해 보았는데 예상치 못한 시간이 활동 1에서 많이 소요되어서 적잖이 당황했다고 하셨다. 이를 통해 수업은 여러 상황에 대한 좀 더 철저한 예상과 계획이 이루어질 때 학생들이 수업목표에 보다 더 쉽게 도달할 수 있으리라는 생각과 시간의 제약 때문에 사전 협의회 때 교재연구를 우리가 충분히 하지 못한 것에 대한 아쉬움이 밀려오기도 했다.

　활동 1에서의 시간 지연으로 활동 2와 활동 3이 조금은 급하게 진행되어서 학생들이 이번 시간에 배운 사실, 지식을 바탕으로 새로운 원리를 알게 되는 진정한 배움을 느낄 수 있는 시간이 적어서 이 또한 아쉬움으로 남았다. 하지만 협의회를 통해서 많은 의견들이 오고 갔는데 먼저, B라는 추출 학생에 대해서 늦은 시간까지 여러 선생님들이 많은 이야기를 나눌 수 있어서 너무나 행복한 시간이었다. B학생으로 인해 깊이 대화할 수 있음에 교사가 행복하고, 여러 교사들의 진지한 대화를 통해 B학생이 행복해지는…

　관찰자 선생님의 조의 리더에 대한 관찰과 그것을 바탕으로 한 견해도 많은 도움이 되었던 귀한 시간이었다. 조 리더가 조 활동을 혼자 독점하는 일이 없도록 교사가 꼼꼼히 살펴야 하고.

　학생 중심의 수업관찰이 학생만 바라보는 수업관찰이 아니라, 교사가 학생들을 관찰하면서 무엇을 어떻게 할 것인가를 고민하고 찾아가는 수업이어야 하고, 무엇보다 수업의 테크닉만을 배우는 것이어서는 안 된다는 천호성 교수님의 말씀은 가슴에 많이 와 닿았다.

　수업후기를 작성하는 이 시각!

　한 학생에 대해서 이처럼 많은 교사들이 늦은 시각까지 머리를 맞대고 대화하고 협의하는 모습이 이제껏 없었음이 아쉬울수록 현재 내가 맡고 있는 1학년 학생들 한 명 한 명에게 관심과 애정을 가져야 함과, 바쁜 일과 중에서도 교재연구가 치밀할수록 학생들의 수업참여도 또한 높아진다는 평범한 진리를 다시금 되새겨 보는 시간이었다.

　모둠을 구성할 때 각각의 모둠원에 대한 실태분석의 중요성과 학생들의 상황과 수준에 맞는 모둠활동 내용을 계획해야 함을 인식하게 되었다.

4. 빛깔 셋, 2학년 국어수업 - 관계형성에 대하여

오늘은 2학년의 수업 공개가 있는 날이다. 작년에 내가 담임이었던 이 학생들이 얼마나 많이 성장하였는지 수업에 참여하는 모습은 어떻게 변하였는지 기대 반 설렘 반으로 수업에 참관하였다. 평소의 모습보다도 꽤 차분하게 수업이 이루어지는 모습을 보면서 교사와 학생들을 관찰하였다. 나의 역할은 교사관찰이었기에 교사의 일거수일투족에 집중하면서 수업관찰을 하고 있었는데 수업의 후반부쯤에 돌발상황이 발생하였다. C학생이 수업 방해를 적극적으로 하게 된 것이다. 같은 모둠의 친구들을 놀리고 트림을 지속적으로 크게 하면서 급기야 담임교사의 제지를 받기에 이르렀다. 앞에 서 있으면서도 수업방해는 계속되었다. 보다 못한 관찰자 선생님의 제지를 받고 조금은 방해행동이 수그러들었다.

수업이 끝나고 수업 협의회에서는 많은 의견들이 심도 깊게 논의되었다. C학생의 행동으로 인해서 많은 생각거리를 안겨 준 수업이었음을 모두가 공감하였고, 이런 학생들을 어떻게 성장시킬 것인가에 대한 고민의 시간을 가졌다. 특히 C학생의 학습이 이루어지지 않고 있는 것은 교우관계가 원만하지 않기 때문임을 인식하고 관계회복의 새로운 프로그램이 필요함을 서로가 느낄 수 있었고 그를 위해 노력하기로 하였다.

교사관찰에 대한 협의에서는 교사가 설명을 할 때 학생들을 집중하게 하고 설명을 하면 학생들이 내용을 더 잘 이해할 수 있지 않을까에 대한

의견이 있었으나, 담임교사는 평소에 굳이 학생들을 집중시켜 놓고 설명
하지 않고 그냥 자연스럽게 설명한다는 부연설명이 있어서 참관하신 선
생님들 각자의 과제로 남았다. 또한 수업시간에 수업을 방해하는 모습이
곳곳에서 보였는데 수업방해를 하지 않기 위해서 어떻게 하면 좋을 것인
가에 대해 학급토의 등을 통해 학생들 스스로 논의해 보고 실천하면 좋겠
다는 의견이 있어서 나 또한 적용해 보면 좋겠다는 생각이 들었다.

　D학생에 대한 관찰내용을 바탕으로 한 협의에서는 다른 친구들에 대한
배려가 부족한 모습을 보완하기 위해서 힘들더라도 협동학습을 꾸준히
해 보면 나아지지 않을까하는 논의가 있었는데 D학생에게도 더 많은 애
정과 관심이 필요함을 느끼게 되었다.

　오늘 2학년 수업연구에서는 우리 수곡초가 추구하는 인간상과 학생들
의 현실에 대해서 다시금 근본적인 고민을 함께해 보는 시간이었다.

　'자연을 닮은 행복한 교육공동체'를 추구하는 학교교육 목표 안에서 과
연 우리 아이들은 공동체를 이루기 위해서 얼마나 나를 낮추고 남을 배려
하는 노력을 하고 있는가? 혹시 공동체 속에 남은 없고 나만 있지는 않은
지…….

　일본의 어느 초등학교에서는 아침시간에 학생들과 함께 차를 마시면서
명상하고 자신을 되돌아보는 시간을 갖고 있다고 한다. 우리 학급의 학생
들에게도 그와 비슷한 시간을 아침시간에 꾸준히 가져야겠다고 생각하면
서 수업후기를 마친다.

　수업에 있어서 교사-학생/ 학생-학생 상호 간의 관계형성이 얼마나 중
요한 요소인지를 깨닫게 되었고, 관계형성이 바탕이 되지 않은 상태에서의
수업은 목표 도달이 어려움을 다시금 인식하게 되었다.

5. 빛깔 넷, 1학년 수학수업 – 교육과정에 대한 논의

입학한 지 넉 달째인 1학년 학생들과 수업 공개를 했다. 넉 달 동안 나름대로 많이 변화하고 의젓해지고 성장한 1학년 학생들이 처음으로 많은 부모님들과 선생님들 앞에서 수업을 하게 된 것이다. 1학년 친구들에게 많은 사람들 앞에서 자신의 의견을 똑똑히 발표해 보는 시간을 통하여 자신감을 상승시킬 수 있는 기회를 마련해 보는 데 수업의 초점을 맞추고 수업을 계획했다. 조금은 서툴고 틀리더라도 평소 수업시간에 한 사람 한 사람 차근차근 자신의 생각을 발표해 왔듯이 그렇게 차근차근 자신의 생각을 정리하고 또 발표해 보는 시간이었으면 하였다. 또한 추출 학생으로 선정한 두 친구에게 이 수업시간에 어떤 배움이 일어나는지도 궁금하였다.

생각보다 많은 부모님들이 공개수업에 참석해 주어서 부모님들의 자녀에 대한 관심과 사랑을 엿볼 수 있었다. 수업이 시작되었고 1학년 학생들은 조금은 긴장한 듯하였지만, 차분하게 자신의 생각을 발표하는 모습이 대견스러웠다. 넓이 비교하기에서는 예상치 못했던 다양한 방법들이 발표되었고, 비교하기 놀이에서는 끝까지 흥미를 잃지 않고 수업에 적극적으로 참여하였다. E학생과 F학생은 넓이 비교하기에서 '지구' '우주'라는 단어까지 사용하였고, 다른 학생들도 초롱초롱한 눈망울로 수업에 집중하였다.

수업이 끝나고 협의회에서는 다양한 각도에서의 협의가 이루어졌는데 무엇보다 이전까지의 협의회에서는 접근하지 않았었던 교육과정에 대한 협의가 진지하게 이루어진 것 역시 의미 있고 수준 있는 협의회였음에 감사한 마음이다. '넓다' '좁다'와 관련된, 혹은 유사한 개념들에 대한 진지한 협의내용들은 이런 협의회 시간이 아니면 좀처럼 이루어지기 어려운 현실임을 잘 알기에……

다음 날, 처음으로 해 보았을 공개수업에 대해 우리 1학년 학생들은 그 수업에 대해 어떤 생각들을 했는지, 참석하신 학부모님들은 또한 어떤 생각들을 하셨는지 학생들에게 질문하는 시간을 가졌다. 한 사람 한 사람 돌아가면서 자신의 생각과 수업이 끝나고 저녁에 부모님과 나눈 대화에 대해서 이야기를 나누었다.

　학생들은 처음 해 보는 수업 공개가 떨리기도 하면서 재미도 있었다는 의견과 조작활동을 해 보는 시간들이 기억에 남는다는 의견들이 많았다. 학부모님들께서는 대체로 학생들에게 발표를 잘 하였다는 격려의 말씀과 더불어 집에서는 몰랐던 자녀들의 수업 자세나 태도들에 대한 구체적인 이야기와 더불어 앞으로 수업에 집중할 수 있도록 노력해 보자는 약속들을 하셨다고 하였다. 예를 들면, 머리가 두 갈래여서 자꾸 머리를 만지작거리는 학생에 대해서는 앞으로 머리를 만지작거리지 않을 수 있도록 한 갈래로 묶기로 약속하였고, 손으로 코를 계속 만지는 자녀와 발을 의자 위에 올려놓는 자녀 등에 대해서는 앞으로 자세를 바르게 할 수 있도록 매일 아침 자녀에게 관심 갖고 구체적으로 말하기 등등.

　부모님들의 이러한 자녀와의 약속들을 들으면서 가슴이 뭉클해졌다. 우리 부모님들이 공개수업 참관을 통하여 이렇게 구체적으로 느끼고 개선하고자 노력한다면 교사로서 수업 공개는 얼마든지 해도 좋을 것 같다는 생각이 들었다.

　이번의 수업 공개를 통하여 나 자신뿐만 아니라, 우리 반 친구들과 학부모들까지 참 감사하게도 많은 걸 느끼고 소통하고 얻을 수 있었던 귀한 시간이었음에 흐뭇한 미소가 입가에 번진다.

　평상시에는 다루지 못했던 교육과정에 대한 심도 깊은 논의가 수업 후 협의회에서 이루어져서 그 단원에 대해 더 고민해 볼 수 있었던 의미 있는 시간이었다.

6. 빛깔 다섯, 4학년 국어수업 – 가정과의 연계와 상담도 병행되어야

11명의 4학년 친구들.

우리 학교에서는 가정 적은 수의 학생이 있는 학년이다. 그러나 적은 숫자임에도 각각의 개성이 강한 학생들이어서 수업과 생활 지도에 담임 선생님께서 작년에 이어 올해에도 많은 노력을 하고 계심에도 쉽게 변화가 되지 않고 있는 학년이기도 하다.

4학년의 수업 공개를 앞두고 4학년 담임선생님과 함께 학생들의 특성과 학급 내의 교우관계 등에 대해서 많은 대화를 나누었는데, 담임선생님의 가장 큰 고민은 이 아이들이 평소 수업과 공개수업 때 180도 확연히 다른 모습을 줄곧 보이는데 수업 공개 시 추출 학생의 180도 다른 모습은 추출 학생에 대한 관찰의 의미가 약하지 않을까 하는 것과 그리하여 이 아이들을 돕는 방법 또한 정확하지 않을 것임에 대한 고민들이 많았다.

수업 공개 이틀 전에는 4학년 학생들을 대상으로 연우심리연구소에서 3시간에 걸친 사례 분석이 있었는데 강사선생님 또한 이 그룹은 참으로 개성도 강하고 성과도 낮아서 어느 선생님이 담임을 맡아도 많은 노력이 필요할 것 같다는 말씀이 있었다.

각각의 학생들에 대한 개성을 뒤로하고 일단 정해진 시각에 4학년의 수업 공개는 시작되었고, 예상했던 것만큼이나 학생들은 평소 담임선생님께 들었던 산만하고 부산한 모습은 온데간데없이 수업에 눈치껏 잘 참석하였다. 이야기도 소곤소곤 다른 사람에게 방해되지 않게 하고, 선생님의 말씀에도 경청하는 모습이었다. 의외로 다른 사람들(관찰자) 앞에서는 부끄러움을 많이 타는 모습까지도 보였다.

나는 교사관찰이 담당이었는데, 학생들이 눈치껏 수업에 잘 따라오니 특별한 모습을 관찰하기 어려운 면이 있었다. 수업자가 수업 전에 의도한 것이 세 가지가 있었는데 첫째, 자신의 생각을 정리해서 글로 써 보게 하기, 둘째, 모든 학생들이 자신의 생각을 자신 있게 표현해 보도록 하기, 셋째, 친구의 이야기를 경청하고 친구의 생각  을 존중·배려하며 공감하게 하기 등이었다. 학생들은 이 공개수업시간 만큼은 수업자의 의도가 충족되도록 차분히 수업에 잘 참여하였고, 열심히 즐겁게 참여하는 모습까지 보였다.

수업이 끝나고 수업 협의회에서는 4학년 학생들의 특성을 고려하여 주로 학생들 개개인과 교우관계 등에 대하여 심도 깊은 논의가 주로 이루어졌다. 올해로 2년째 이 학급을 맡아서 지도하시는 4학년 선생님에 대한 격려의 시간과, 그나마 희망적인 것은 작년에 교우관계가 힘들었던 G학생의 행동이 올해 들어서 조금씩 변화하고 있다는 점이었다. 수업에 많이 참여하지 않고 친구들을 방해하던 G학생이 언제부터인가 선생님을 생각하는 발언을 하게 되고, 선생님과의 좋은 관계로 인하여 힘들지만 수업시간에도 집중하는 모습을 보이게 되었다는 사실은 협의회에 참석한 많은 선생님들에게 희망적인 소식이었다. 이렇듯 학생들은 교사가 원하는 시기가 아닌, 그 누구도 예측할 수 없는 시기에 서서히 변화한다는 평범한 사실을 새삼 깨달으면서 콩나물에 물을 주듯이 긴 호흡으로 학생들의 변화를 기다려야 함을 생각해 보는 수업이었던 것 같다.

> 개성 강한 학생들을 지도할 때 가정과의 연계 방안이 마련되어야 할 필요성을 인식하였고, 학생들은 관심을 갖고 기다려 주면 교사가 원하는 시기가 아닌 그 누구도 예측할 수 없는 시기에 스스로 변화가 찾아옴을 인식하게 되었다.

7. 빛깔 여섯, 5학년 수학수업 – 수업 방법의 변화인식과 지원 방안 마련

남학생들이 많고, 각각의 개성이 강한 5학년의 수업 공개가 있는 날이다. 5학년 담임선생님은 평소 학생들의 학력 차가 많이 나는 점 때문에 수업시간에 이 학생들을 어떻게 지도해야 하는지에 대한 고민이 많으셨다. 다른 학생들을 많이 방해하는 1명의 학생과 5학년 수준의 내용을 잘 따라가지 못하는 4명의 학생들, 그리고 잘하는 4명의 학생들. 그리고 중간층의 학생들까지 다양하게 분포된 학생들의 학력수준으로 인하여 수업시간 특히, 수학수업시간에 수업의 초점을 어디에 맞추어야 하는지에 대한 고민들이 많았다. 학년의 진도를 거의 못 따라가는 4명의 학생들을 제외하고 수업을 진행하기도 어렵고, 또 4명의 학생들에게 초점을 맞춘 수업을 진행하기도 어렵다고 했다. 많은 고민 끝에 요즈음에는 수업시간의 절반 정도는 일반학생들에게 맞춘 수업을 진행하고 후반부에서는 4명의 학습부진 학생들에게 맞추어서 수업을 진행하고 있다고 했다. 따라서 5학년 선생님이 이 수업 공개를 통해서 해결하고 싶은 문제는, 이런 수업시간에 4명을 제외한 다른 학생들은 과연 교사가 믿고 있는 만큼 수업을 잘 이해하고 있는 것인가에 대한 해결 방안을 수업관찰하는 많은 교사들로부터 얻을 수 있기를 바라면서 수업을 열었다. 나는 담임교사의 의도에 따라 그 4명 이외의 학생인 H학생과, I학생을 관찰하였다. 평소 담임교사의 우려처럼 2명의 학생들은 수업에서 어려움을 겪고 있었다. H학생 같은 경우는 삼각형의 넓이 구하는 공식은 수업 시작도 전에 교과서에 적어 놓을 만큼 이미 알고 있었으나, 그 넓이를 구하는 과정에서는 어려움을 겪고 있었고, I학생은 요즘 사춘기여서 그런지 수업의 처음부터 끝까지 무표정으로 어딘가를 응시하고 가위로 손의 상처를 자르는 모습을 보이는 등, 거의 수업에 귀를 기울이지 않는 모습을 보였다. 중간중간에 어려운 부분이 있을 때에는 짝의 책을 보고 답을 적는 경우가 많았고, 어느 경우에는 서로 틀린 답임에도 틀린 줄도 모르고 적는 경우도 있었다.

　수업이 끝나고 이루어진 협의회에서는 다양한 의견이 오갔다. 평소 5학년 선생님이 부진 학생 위주로 이끌었던 수학수업시간에 아주 잘하는 서너 명의 학생들과 부진한 4명의 학생 이외의 다수의 학생들은 그 수업이 의미가 적고, 본인의 어려움을 해결하지 못한 채, 친구의 답을 적거나 정확한 이해 없이 수업이 마무리되는 경우가 많음을 관찰을 통해 알 수 있었던 시간이었다. 그리하여 이후의 수업부터는 4명 위주로 진행되던 수업의 방식을 다소 변경할 필요가 있음을 인식한 매우 의미 있는 시간이었던 것 같다.

　학교와 학원 수업의 차이점을 우리는 어디에서 찾아야 할까?

　수학공식은 기계적인 암기에서 알고 있으나 그 유추해 가는 과정이 있는 수업! 그것이야말로 문제풀이 위주의 학원에서는 할 수 없는, 학교만의 수업이 아닐까? 다시금 생각해 보면서 학생들의 수학적 사고력을 신장시킬 수 있는 수업에 대해 모든 사람들이 깊이 생각해 볼 수 있었던 시간이었다.

중간계층의 학생들이 학습에 소외되어 있음을 깨닫게 되었고, 평소 수업 방법에 변화가 필요함을 인식하게 되었으며 두 분의 학습도우미 선생님을 수학시간에 보조교사로 배치하기로 하였다.

8. 빛깔 일곱, 3학년 수학수업 – 학습은 호기심에서 시작됨을 확인

일곱 번째 수업연구가 있는 날이다. 어느 학년보다도 손길과 사랑을 많이 필요로 하는 3학년 친구들.

항상 선생님이 곁에 있어야 하는 3학년 친구들은 수업에서의 배움이 어떻게 일어나는지 궁금함을 안고 수업 공개가 있는 도서관으로 향했다. 학교 공사가 있어서 비좁은 컨테이너 안에서 생활하고 있는 3학년!

익숙하지 않은 도서관에서 수업 공개를 위해 자리에 앉은 3학년 학생들은 수업이 시작되자 선생님의 말씀에 집중하였다.

칠판에 소리 없이 자를 사용하여 묵묵히 세 가지의 모양을 정성껏 그리시는 선생님과 이 모습을 평소 활발한 3학년 학생들이 숨소리를 죽여 가면서 지켜보고 있었다.

"뭐지? 뭐지?"

"아, 알았다! 지우개다!"

학생들의 두런두런 추측이 이어지고, 선생님의 판서는 소리 없이 지속되었다.

우리 3학년 학생들에게 이런 모습도 있었던가 싶을 정도로 학생들은 모두들 호기심 어린 눈으로 선생님의 일거수일투족을 지켜보고 있었다.

학습의 출발은 호기심이라더니 정말이구나! 항상 새로움을 갈망하고 도전하는 3학년 학생들에게 오늘의 동기유발 활동보다 더 호기심을 자극하는 활동도 많지는 않으리라.

호기심을 잔뜩 지닌 3학년 학생들의 수업은 그 해결을 위해서 순풍에 돛단 듯 흘러갔다. 수업의 성패는 동기유발에서 좌우된다는 교수님의 평소 말씀처럼……

'학생들에게 무엇을 배우게 할 것인가?'를 고민하기 이전에 '학생들에게 어떤 호기심을 갖도록 할 것인가?'를 먼저 고민하는 수업설계가 필요함을 깨닫는 시간이었다.

교사의 억양에 크고 작은 변화가 많아서 학생들에게는 지루하지 않게 수업에 참여하게 되는 계기가 되었고, 역동적인 수업이었다.

단지 이번 차시가 학생들에게는 쉽지만은 않은 내용이었고, 교사의 설명을 바로 이해하지 못한 학생들이 다소 있어서 그런 학생들을 파악해서 어려워하는 부분을 함께 고민하고 개개인의 학습 정도를 짚어 주었더라면 더 큰 학습의 효과가 있지 않았을까 싶다.

항상 활발하고 터프하기에 더욱 세심한 관찰과 보살핌이 필요한 3학년 학생들을 항상 그림자처럼 곁에서 지켜보고 생활하시는 3학년 선생님의 평소 학생들에 대한 애정이 오늘 수업에서도 그대로 묻어남을 확인하였던 수업이었고, 누구보다 평상시에 몇 배의 노력을 기울이시는 3학년 선생님을 향해서 큰 박수를 보내 드린다.

> 학습은 호기심에서 출발한다는 사실을 다시금 새길 수 있었고, 특별한 지원을 필요로 하는 학생에 대하여 학교와 교사가 구체적인 지원 방안을 마련하여 학부모와 연계한 학생 지도가 필요함을 인식할 수 있었다.

9. 마무리하며

학기 초에 교수님과 전 교사가 함께한 자리에서 천호성 교수님께서는, 1년이 지나고 나면 수업에 대한 안목이 달라져 있을 것이라는 말씀을 하셨다. 그 말씀을 들으면서 '설마 수업 몇 번 하고, 수업참관을 몇 번 했다고 수업에 대한 안목이 쉽게 바뀌기야 할까?'라는 생각을 했던 기억이 난다. 그런데 1년의 시간이 흐른 이 시각. 학기 초에는 예상치 못했던 크고 작은 변화들이 나의 내면에서 일어났음을 발견하곤 스스로 놀랄 때가 있음을 고백하게 된다.

교직경력 20여 년 동안, 자의 반 타의 반으로 많은 수업 공개를 했었고, 그에 따른 많은 협의회도 했었다. 그때마다 크든 작든, 나름의 배움이 있었다고 생각해 왔었는데, 그것의 대부분은 수업자, 즉 교사인 '나'의 수업 기술에 대한 배움에 국한된 것이 대부분이었는데, 이번 참여형 수업연구를 통하여서는 교사의 교재연구와 학생의 실태 분석에 따른 수업준비는 물론이고(그 기반 위에서), 그 밖의 다양한 분야에 대한 서로의 의견을 주고받으면서 고민할 수 있는 시간을 보냈다.

모둠을 구성할 때 학생들의 실태에 맞는 모둠구성이 왜 필요한지, 수업 이전의 관계형성은 수업에 어떤 영향을 미치는지, 학생들을 지도할 때 가정과의 연계가 필요한데 어떤 방법이어야 하는지, 현재 내가 하고 있는 수

업 방법이 학급의 실태와 교과에 비추어서 최적의 방법인지, 지원이 필요
한 학생에 대한 학교와 교사의 구체적 지원책은 무엇 무엇이 있는지 등에
대하여 협의회에 참여한 선생님들의 깊은 고민과 다양한 의견을 거리낌
없이 나눌 수 있었다. 수업자는 단지 그런 협의내용거리를 던져 준 것에
불과하였고, 협의회는 그 자리에 참석한 모든 교사들이 그 화두를 가지고
진지하게 고민하는 시간이었다. 수업자가 던진 모든 화두는 곧, 나와 우
리 모두의 고민이었으므로…….

　이러한 깊은 고민과 방법모색의 자리들이 한 번 두 번 쌓인 지금, 각각
의 모습만큼이나 다양한 일곱 빛깔의 수업장면과 수업 협의회들을 통하
여 내가 느낀 점을 크게 두 가지로 요약하면 다음과 같다.

　첫 번째, 우리 학교에서는 참여형 수업연구에 교장 선생님을 비롯하여
교감 선생님과 전 선생님들이 다함께 참여하였는데, 그러다 보니 수업 후
협의회에서 논의되는 많은 부분들, 그중에서도 특히 학교의 행정적·재
정적 지원이 필요한 부분에 대하여 함께 공감하고 지원책 마련에 교장 선
생님과 교감 선생님께서 앞장서 주신 점 등은 교사들의 학생 지도에 큰 힘
을 실어 주었던 것 같다. 협의회에서 많은 시간 동안 대화를 나누고 그에
대한 구체적인 방안들이 도출되고, 그 방안들이 실행되었던 것들 또한 참
여형 수업연구가 수업을 공개한 교사 개인의 몫이 아닌 공동체 전체의 몫
으로 다가올 수 있었던 중요한 부분이었다. 그리하여 참여형 수업연구가
거듭될수록 각각의 교사들의 고민이 공론화될 수 있었고 해결점들을 하
나씩 찾아가면서 교사들은 힘을 받을 수 있었던 것 같다.

　두 번째, 동료 교사들의 수업을 보고 나면 몇 시간씩 열띤 협의회가 이루
어졌고, 그다음 날부터 서서히 눈에 띄는 게 생겨나곤 하였다. 분명 그 전
에도 있었는데 내 눈엔 잘 띄지 않고 있다가 수업과 협의회가 끝나면 서서
히 눈에 띄게 되는 것! 그것은 협의회 때 1시간, 때로는 2~3시간까지 우
리들이 이야기하였던 '그' 학생들이었다.

　　운동장과 식생활관, 때론 복도에서 마주치게 되는 많은 학생들 중에서
도 유독 눈에 띄게 되는 '그' 아이들! 지금 이 순간에도 나와 우리 모두의
관심과 사랑을 더욱 필요로 하고 있는 '그' 아이들이 눈에 보이기 시작하
였고, 그리하여 '그' 아이들에게 다가가서 한마디라도 더 나눌 수 있었다.

　　이전에는 많은 학생들 중의 한 명이었는데 이젠 내가 더욱 관심을 갖고
다가서야 할 '특별한' 아이가 되어 있었던 것이다.

　　1년여의 시간이 흐른 이 시각, '대부분의 학교에서, 교사들에게 수업 공
개가 지금도 적지 않은 부담이 되고 있는 것은 왜일까?' 생각해 본다. 교사
들이 수업 공개를 준비하는 데 드는 노력에 비해, 수업 후 수업자에게 돌
아오는 보람이나 성과가 적기 때문은 아닐까 싶다. 평소 교사가 고민한
점을 수업 공개와 협의회를 통해서 조금이나마 해결점을 찾게 되고, 수업
자의 평소 고충을 이해하려는 모습이 주변에 형성된다면 아마 교사들은
지금보다 훨씬 더 수업 공개를 부담스러워하지 않을 것이라는 생각을 해
본다.

　　교감자격연수를 올해 마친 지금. 그리 멀지 않은 시일 내에 나 또한 관
리자로 나가게 될 것인데, 한 분 한 분의 선생님들이 수업 공개를 통해서
평소의 고충을 털어놓을 수 있고, 교육공동체 모두가 함께 해결책을 모색
하기 위하여 고민하는 소중한 장이 될 수 있도록 수업자에게 많은 격려와
지원을 보내는 것이 나의 역할임을 깨닫는다. 관리자들의 구체적이고 적
극적인 지원책이 마련되어질 때 교사들은 더욱 힘을 받을 것이고, 그 힘은
한 명 한 명의 우리 아이들에게 되돌아갈 것임을 알기에……

　　나에게 있어서 참여형 수업연구란 바로 수업 후에 수업을 이끈 교사가
아닌 그 수업에 참여하였던 '학생들'이 특별한 의미로 내게 다가오는 것이
었는데, 많은 교사들이 수업을 통해서 그 수업에 참여한 '학생들'을 특별
한 의미로 만날 수 있도록 아낌없는 지원과 격려를 보내리라 다짐해 본다.

아이들의 해맑은 웃음을 위하여

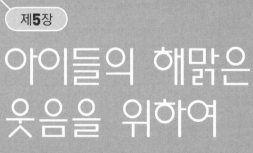

❖ 김길수

제**5**장

아이들의 해맑은 웃음을 위하여

❖ 김길수

1. 참여형 수업연구 이전의 수업연구

1995년 교직에 첫발을 내딛은 후 어느덧 20년째에 접어들고 있다. 아이들에 대한 애정과 관심 그리고 참교육의 열정으로 오랫동안 달려왔건만 교사로서 쉽지 않은 것들이 많았다. 그중 하나가 바로 수업 공개다. 지금까지 지속적으로 교실에서 공개수업을 많이 하였고 한 해에 2~3회 정도 학부모님들과 선생님 그리고 장학사를 비롯한 관리자들 앞에서 많은 수업 공개를 했지만 수업을 공개하는 것은 정말 쉽지 않았다.

수곡초등학교에 오기 전까지 지역교육청으로부터 수업명장이라는 인증서를 2개 받았다. 수업명장제도는 학교에서 수업을 공개하고 1차 심사를 받고 나서 다시 지역의 심사위원들께 공개하고 2차 심사를 받는다. 2학기 때 3차로 수업심사위원들께 수업을 공개한 후 합격하면 수업명장이라는 자격을 부여받는다. 그 후 4차로 지역의 선생님들께 수업을 공개한다. 수업명장이 되면 관내 이동 시 높은 전보가산점을 받는다. 수업의 중요성을 알고 교사의 교수·학습 지도능력과 전문성 향상을 목적으로 실시하였는데 처음에는 의무적인 실시로 거부하기도 하고 부당함을 제기하였다. 그러나 시간이 지남에 따라 교사의 자율적인 참여가 이루어졌으나 여러 가지 운영상의 문제점이 드러나 최근에는 사라졌다.

수업명장제도는 수업 공개를 통한 교사의 수업기술 향상 및 동료 교사와의 공유 그리고 수업에 대한 고민 등 긍정적인 점도 있었지만 인사이동을 위한 수단이 되기도 하였다. 그 과정 속에서 '교과, 단원, 아이들의 수준 등 어떻게 하면 아이들이 쉽게 목표에 도달할까?'라는 많은 고민에 시간을 할애하였다. 말 그대로 한 시간의 수업을 위해 많은 날들을 연구하였고 그 결과로 교수·학습 과정안은 보통 20~30쪽 내외의 분량이 나왔다. 수업에 대한 고민보다는 때로는 형식에 치우쳐 많은 내용을 채워야 하는 부담감도 컸다. 물론 수업을 전개하는 동안 많은 연구와 고민 속에서 수업의 깊이를 더했고 예상하지 않은 아이들의 반응과 행동 때문에 당황스럽기도 했지만 수업 공개를 통해서 조금씩 성장할 수 있었다.

경험에 비추어 보면 초창기의 수업 협의회(1995~2006)는 주로 교사의 잘못된 부분을 지적하면서 진행하였고 그 이후(2007~2012)에는 주로 교사의 잘한 점을 상호 이야기하면서 협의회를 진행하였다. 하지만 수업에 대한 깊이 있는 이야기는 하지 못한 채 대부분 한 시간 이내에 형식적으로 마무리하였다. 또한 교사 중심으로 수업 협의회를 진행하다 보니 늘 수업 공개에 대한 부담감도 컸고 수업은 해도 해도 어렵다는 생각이 많이 들었다.

수업 공개가 끝난 후에는 수업을 마쳤다는 안도감과 성취감에 빠지기도 했으며 수업에 참여해 준 우리 아이들에 대한 고마운 마음을 느끼면서 다시 일상의 모습으로 돌아갔다. 물론 그 과정 속에서 부족한 점과 잘한 점을 스스로 느끼면서 배우고 성장하였다. 하지만 수업 공개는 많은 노력과 고민에도 불구하고 뭔가 아쉽고 부족하고 힘들다라는 생각은 여전했다.

2. 참여형 수업연구를 접하면서

2012년 9월 1일에 우리 학교로 전근을 왔다. 수곡초등학교는 혁신학교 2년 차 학교로, 일반학교와는 조금은 달랐다. 기존에 내가 근무하던 학교도 그 어떤 혁신학교보다 아이들과 선생님이 행복하고 학부모님들의 만족도가 높다고 자평하고 있었지만 수곡초등학교는 내가 생각한 이상으로 많은 것이 새롭고 달랐다.

선생님들의 자존감과 주체성이 강하여 스스로 연구모임을 조직하고 자율적으로 협의하고 행동하였다. 선생님들끼리 고민하고 협의한 내용은 그대로 실천하였다. 물론 자율성을 바탕으로 대부분의 일들을 처리하였기에 힘은 많이 들었지만 책임감을 갖고 매사에 노력하였다.

그중 하나가 독서모임이다. 독서모임을 하면서 손우정 교수님의 『배움의 공동체』와 천호성 교수님의 『수업분석의 방법과 실제』라는 책을 접하게 되었다. 책을 읽으면서 그동안 수업에 대해 해결할 수 없던 고민에 대한 해결책을 찾은 듯한 느낌을 가졌다. 동료 선생님들과 함께 협의하면서 수업의 관점을 기존 교사 중심에서 아이 중심으로 수업 협의를 해 보자고 하였다. 그 새로운 협의 방식이 수업을 전개하는 교사의 부담도 줄이면서 수업의 내용을 더 살펴볼 수 있는 새로운 방법이었기 때문이다. 그런 출발점에서 용기를 내어 11월에 먼저 수업의 문을 열었다. 전문성이 많이 부족하지만 선생님들끼리 독서한 내용을 바탕으로 먼저 참여형 수업연구를 실천하신 교장 선생님의 지도를 받으며 수업 협의를 진행하였다.

우리끼리 처음 시도해 보는 거라 많이 어색하고 부족했지만 수업 협의회를 하는 동안 우리 아이들 이야기를 하면서 내가 수업시간에 보지 못했던 또 다른 세상을 보았고, 그 속에 내 모습이 있었다. 수업 협의회를 우리끼리 진행하면서 수업을 공개한 것에 대한 말할 수는 없지만 어떤 뿌듯함과 행복함이 다가왔다. 그래서 이후 교수님을 모시고 좀 더 함께 참여형 수업에 대해서 공부하기로 하였고 기대감도 생겼다.

3. 참여형 수업연구 전개

혁신학교 3년 차로서 올해는 '교육과정의 내실화'와 '수업연구를 통한 학생과 선생님의 배움 그리고 성장'에 중점을 두었다. 수업연구를 위해 교장 선생님과 사전에 수업연구를 진행하셨던 천호성 교수와 함께 학기별로 한 번씩 총 14회 진행하기로 하였다. 더불어 동료 선생님들과 함께 협의를 하면서 기존의 형식 중심에서 벗어나 실질적인 수업연구가 될 수 있도록 크게 세 가지 원칙을 가지고 수업연구에 참여하기로 하였다.

첫째, 수업 공개는 수업 과정과 학생성장에 중심을 두고 전개한다.

둘째, 수업에 임하면서 부담감보다는 즐거운 마음으로 수업을 연다.

셋째, 수업 협의회에 끝까지 참여한다.

이 원칙을 지키기 위해 모두가 노력하였다. 수업연구를 준비하면서 동료 선생님들이 편안한 마음으로 수업의 문을 열 수 있도록 조력하는 것이 나의 역할이었기 때문에 선생님들께 끊임없이 이야기했다. '너무 부담 갖지 말고 평상시 수업을 보여 주자.'

연구주무자로서 교수님과 함께 수업연구 날짜를 조정했다. 우리 학교의 교육과정 일정과 교수님의 바쁜 일정 속에서 1년 동안 한 선생님당 두 번씩 총 14번의 수업연구를 실시한다는 것은 정말 쉽지 않은 일이었다. 하지만 교수님의 우리 학교에 대한 최우선적인 배려와 희생, 수업연구에 대한 지도와 자문 그리고 협의 속에서 우리들에게 많은 행복감과 배움을 주셨다. 덕분에 선생님들은 더욱더 성장할 수 있었다. 나는 선생님들이 배우고 성장하는 만큼 우리 아이들도 더 많은 것을 배우고 성장하였리라 확신한다.

⏻ 동료 교사의 수업을 보고

　　2013학년도 수업연구의 첫날이 다가왔다. 수업연구 전 수업 사전 협의 회를 통해 수업내용과 효율적인 지도 방법에 대해 서로 상의하였다. 그리고 수업자의 의도와 추출 학생에 대해서도 서로 협의를 하였다. 처음하는 수업자가 부담이 될까 봐, 수업 사전 협의회에서 제안하기가 부담스러웠으나 진심으로 말해 주는 동료와 경청해서 수용하려는 수업자의 자세로 원만히 진행되었다. 그러다가 두 번째 내 수업에 대한 사전 협의를 하면서 진심으로 수업 사전 협의회의 필요성에 대해서 느끼게 되었다. 수업에 대해 구체적으로 이야기할수록 추상적인 수업이 구체화되어 수업에 대해 세심하게 준비할 수 있어 큰 도움이 되었다. 수업 협의를 하는 동안 수업 중에 해야 할 일에 대하여 서로 역할을 분담하였다. 추출 학생 관찰, 모둠 관찰, 교사관찰. 수업 전체적인 흐름 분석, 사진·동영상 촬영 등의 역할을 정하는 것이다. 수업이 전개된 후 우리들은 보통 4~6시간 정도의 협의 시간을 가졌다. 정말 귀하고 행복한 시간이었다.

　　본 수업이 전개될 때는 해당 학년 학부모님께 수업참관을 할 수 있도록 안내하였고 수업연구에 대해 함께 고민하고 협의하고자 주변학교 선생님들께도 수업의 문을 열었다.

　　나는 수업연구에 집중할 수 있도록 옆에서 지원활동을 하면서 설레는 마음으로 동료 교사의 수업을 지켜보며 수업소감문을 기록하였다.

6학년의 사회과 수업에 대한 나의 비평

교사 김길수

2013년 선생님들과 함께하는 참여형 수업연구 첫 수업시간이다. 수업, 늘 하는 수업이지만 교실문을 열어 누군가에게 보이고 평가받는 것은 참으로 어려운 일이다. 물론 20년째 교단에 서 있지만 나 또한 많이 긴장되고 설레는 일이다. 하지만 선생님들과 아이들의 성장을 위해서는 문을 열어 함께 고민하고 함께 노력해야 한다. 우리가 하고자 하는 참여형 수업은 기존에 평가받는 수업이 아니라 교사 스스로를 성찰하고 아이들의 모습을 관찰하며 숨은 곳의 모습을 보기 위한 것이다. 그래서 선생님들과 함께 고민하고 준비하였다.

먼저 첫 수업을 해 주신 양미혜 선생님과 늦은 밤까지 함께 참여해 주신 모든 분께 진심으로 감사드린다.

수업연구를 위해 우리들은 이틀 전에 모여 사전 협의를 하였다. 수업의 의도와 수업시간에 중점적으로 보아야 할 학생들에 대하여 협의를 하였다. 기존의 형식적인 내용이 아니라 역할을 나누고 연구수업 당일 협의할 내용에 대하여 고민하였다.

수업 당일 나는 왠지 모르게 설레었다. 수업시간 중 나의 역할은 추출학생 A에 대한 관찰이었다. 평소 과학시간에 A의 모습은 늘 딴짓을 하고 친구와 장난을 쳤다. 한마디로 많이 산만한 아이였다. A의 모습이 일반 학생들과 많이 달랐기에 그 점에 대해서 인정해 주고 이해하려고 노력하였다.

하지만 사회수업을 관찰하면서 A는 내가 알고 있던 모습과 많이 달랐다. 모둠친구들과 수업에 대해 이야기를 나누고 그 속에서 자신의 이야기를 조금은 머뭇거렸지만 자기의 생각을 말하였다. 또한 선생님을 응시하면서 수업에 열심히 참여하였다. 수업의 시작부터 끝까지 수업에 성실히 참여하는 모범생의 모습이었다. 물론 중간에 다른 곳을 보기도 하고 손으로 다양한 동작을 취하였지만 그동안 내가 보아 온 모습과는 달리 긍정적인 모습을 많이 볼 수 있었다.

'수업을 관찰하시는 선생님들의 많은 눈이 있어서일까?' 아니면 '내가 A를 잘 몰라서일까?' '과학 교수・학습 지도 방법이 잘못된 것일까' 아니면 '과학 내용이 어려워 수업에 집중하지 못했던 것은 아닐까'라는 생각을 해 보았다.

나름대로 아이들과 좋은 관계를 맺고 있다고 생각했는데 돌이켜 보면 그 깊이가 아주 얕은 수준이라는 생각이 들었다. 수업을 보며 깊은 성찰을 통해 우리 아이들이 더욱 바르게 성장할 수 있도록 노력해야겠다고 생각했다.

⏻ 참여형 수업연구 진행

두 번째 수업은 내 자신이 주체가 되었다. 2012년 9월 1일부터 2013학년도까지 3~6학년 과학과 음악 전담 수업을 지도하였다. 아이들에게는 SMART샘(자칭)이라 불리면 수업하는 아이들의 이름을 전부 알고 학생들에 대해서 많이 이해한다고 생각했다.

수업은 평소 우리가 하고자 했던 원칙, 교사가 많은 시간을 준비해서 하는 특별한 수업이 아니라 평상시의 수업을 보여 주자라는 의도 때문에 평소 진도와 관련된 내용을 준비하였다. 또한 즐거운 마음으로 수업을 준비하고자 노력했지만 막상 다가오니 수업연구는 쉽지 않았다. 하지만 그 어느 수업연구보다 즐겁고 편안하게 하고자 노력했고 내 자신보다 우리 아이들을 많이 살펴보고자 노력했다. 물론 학생 중심의 수업, 내용정리 등이 많이 부족한 점도 있었지만 나 자신에게 배움과 성장을 준 행복한 시간이었다.

❑ 수업자의 의도

SMART Education은 21세기 지식정보화사회에서 요구되는 새로운 교육방법, 교육과정, 평가, 교사 등 교육체제 전반의 변화를 이끌기 위한 지능형 맞춤 교수학습지원체제다. SMART의 의미를 살펴보면 Self-directed(자기주도적 학습), Motivated(맞춤형 학습을 통한 학습자의 흥미, 동기부여), Adaptive(수준과 적성), Resource enriched(풍부한 교수 · 학습 자료), Technology-embedded(정보기술 기반)으로 풀이할 수 있다.

SMART Education을 통하여 학생들이 올바른 과학적 지식, 방법, 태도를 습득하게 하면서 자유로운 사고 속에서 정보를 이용하고, 지식과 정보의 공유와 협업을 통하여 새로운 정보를 창출하는 창의적이면서도 자기주도적인 학습능력이 필요하다고 생각된다.

과학수업은 SMART Education을 중심으로 학생 중심의 과제학습과 모둠조사와 발표를 통해서 진행되며 부족한 부분을 보완 지도하고 이와 더불어 영상과 함께 지도해 준다. 영상은 주로 아이스크림 영상, 지구과학과 관련된 부분은 Youtube, 그리고 생물 관련 부분은 EBS의 EDRB를 활용한다. 지구과학과 더불어 생태계와 환경은 우리 학생들이 쉽게 접하는 환경이지만 쉽게 이해하기는 어렵다. 그래서 동영상을 통한 학습을 통해서 학생들의 이해를 높이고자 하였다. 더불어 구체적인 조작활동을 통해 생태계의 평형개념을 정리하고자 하였다.

본 수업의 설계는 먹이사슬 및 먹이그물 만들기 활동을 통해 생태계를 구성하는 요소 중 생물요소 간의 상호작용을 알아 가는 발견학습 수업모형을 적용하여 설계하였다. 생태계를 조사하여 보면 일반적으로 그 안에서 생활하고 있는 생물군집의 구성이나 개체 수가 안정된 상태를 유지하는 경우가 많은데 본 수업에서는 생물카드를 분류하고 카드 간의 상호작용을 탐구·분석하여 생태계를 구성하고 있는 생물들 사이의 먹고 먹히는 관계에 의해서 생태계의 평형이 유지됨을 스스로 발견하는 데 중점을 두었다.

❑ 추출 학생 선정 및 동기

추출 학생: A

A학생은 차분하고 조용하며 소극적인 학생이다. 여러 가지 환경요인으로 많은 어려움에 처해 있지만 수업시간에 좀 더 관심을 가지고 적극적으로 활동했으면 하는 바람이 있다. A는 과학수업이 재미있다고 말했다. 재미있는 영상을 볼 수 있고 만들기를 많이 하기 때문이라고 했다. 과학수업을 통해서 좀 더 자신감을 갖고 수업에 적극적으로 참여하여 점점 밝고 힘차게 성장하기를 기대해 보았다. 왜냐하면 A가 더욱더 성장하기 위해서는 결국은 본인 스스로 문제를 해결해야 하기 때문이다.

평가결과표

내용	국어	수학	사회	과학	비고
2012년 2학기 학기말평가	39	32	62	60	100점 기준
2013년 진단평가	17	11	6	22	30점 기준

추출 학생: B

B학생은 1차 수업연구 협의 당시 많이 이야기되었던 학생이다. 과학수업시간에 차분하면서도 조용하게 수업에 참여했다. 5학년 남동생은 적극적이고 활동적이나 B는 동생과는 성격이 많이 다르다. 나는 학생들이 과제를 해결하고 발표하게 하는 등 학생들이 참여하는 학생 중심의 수업이되게끔 노력하며 밝고 즐겁게 수업을 진행하였다. 왜냐하면 수업이 즐거워야 과목에 대한 흥미를 갖고 열심히 노력한다고 생각하기 때문이다. 우리 학생들이 수업에 적극적으로 즐겁게 참여하며 건강하게 성장하길 바란다.

평가결과표

내용	국어	수학	사회	과학	비고
2012년 2학기 학기말평가	88	41	54	80	100점 기준
2013년 진단 평가	29	15	13	24	30점 기준

과학과 교수 · 학습 과정안

■ 교수 · 학습활동

단계	학습내용	교수 · 학습활동	시간	비고
탐색 및 문제 파악	동기 유발	■ 동기유발 동영상 보기 – 영상 내용을 생각하며 학습문제 완성하기	4′ (4′)	★동영상
	학습문제 확인	생물 사이의 (먹고 먹히는 관계)을(를) 알아보자	2′ (6′)	
	학습활동 안내	■ 학습활동 안내하기 (활동 1) 먹이사슬, 먹이그물 (활동 2) 먹이피라미드 (활동 3) 생태계의 평형	2′ (8′)	
자료 제시 및 관찰 탐색	학습 활동 1	■ 먹이사슬, 먹이그물 – 생물카드 연결하여 먹이사슬 만들기 – 먹이사슬 연결하여 먹이그물 만들기 – 먹이그물을 보고 알 수 있는 점 모둠별 토의하기 실험관찰 59쪽 3번 정리하고 발표하기	12′ (20′)	★동영상 (먹이사슬 1:55)
	학습 활동 2	■ 먹이피라미드 – 먹이피라미드 컵 쌓고 생물 기록하기 – 먹이피라미드를 보고 알 수 있는 점 생각하기 – 먹이피라미드를 보고 생각한 점 발표하기	7′ (27′)	
규칙성 발견 및 개념 정리	학습 활동 3	■ 생태계의 평형 알기(우리 학교 주변 중심) – 먹이피라미드 컵 쌓기를 통해 평형의 의미 알아보기(우리 학교에서의 논, 연못, 밭, 강 중심)	10′ (37′)	
적용 및 응용	정리 하기	■ 개념 정리하기 – 오늘 배운 내용 키워드로 정리하기 ■ 다음 차시 안내 – 생물의 생활에 영향을 주는 비생물 요소를 알아보자. 더불어 학생 중심의 수업 준비하기	3′ (40′)	★붙임쪽지

수업이 끝나고 수업 소감을 다음과 같이 작성하였다.

나의 수업 후기

교사 김길수

나에게 있어 참여형 수업연구는 참으로 신선했다. 작년 2학기 때 수곡에 와서 처음으로 내용을 접하면서 선생님들과 아이들의 성장을 위한 올바른 수업연구 방법이라 생각했다. 그래서 무턱대고 용기를 내어 수업문을 열었는데 너무 좋았다. 물론 수업 공개가 많은 부담감이 있는 것은 사실이지만 기존 수업 공개와 협의회에 비해 너무 편안했고 아이들을 보면서 오히려 그 속에서 내 모습을 볼 수 있어 많은 것을 생각하고 성찰할 수 있는 시간이었다. 그런 마음을 가지고 올해 선생님들과 함께 편안하게 문을 열고 수업연구를 하자고 하였다.

두 번째로 참여형 수업연구를 할 때 주변의 선생님들과 함께 수업에 대하여 함께 고민하고 성장하자는 취지에서 배움을 나누고자 용기를 내어 정읍지역에 있는 혁신학교와 인근 학교 선생님께 문을 열었는데 서른다섯 분의 선생님들이 오셨다.

수업연구를 하면서 평상시 수업 모습, 그 속에서 아이들의 모습과 내 모습을 보고자 노력하였다. 수업 사전 협의를 하면서 어떤 내용으로 수업을 전개하면 아이들의 배움이 더 일어날까에 대해 선생님들과 함께 협의하고 고민하였다.

처음에는 편안한 마음으로 수업문을 열었는데 막상 많은 선생님들이 참석한 가운데 수업을 공개하니 정말 수업이 어렵다는 것을 다시 한 번 느꼈다.

내가 하고자 하는 수업은 아이들이 수업의 주인공으로 주체적으로 참여하며 즐겁게 진행하는 것이다. 하지만 '이번 수업을 전개하면서 우리 아이들이 수업의 주인공이었을까?' 라는 반성을 해 본다. 아이의 눈이 아닌 교사의 눈으로 학생들을 보아서 학생들이 처음 개념을 이해하는 데 많은 어려움을 겪었다. 그 어려운 상황을 해결해 준 장본인들은 학생들이었다. '더 많은 수업연구와 준비를 했어야 하는데…….' '좀 더 아이들을 많이 믿고 많은 활동을 할 수 있도록 수업을 계획했어야 하는데…….' 하는 아쉬움이 많이 남는다.

수업에 왕도는 없다는 말이 있다. 수업연구에 꾸준히 참여함으로써 선생님의 수업 전문성이 향상되고 그 수업을 통해서 우리 아이들이 건강하고 행복하게 성장했으면 한다.

⏻ 내 수업에 대한 동료 교사의 비평

김길수 교사 수업관찰 후기

교장 전수환

오늘은 조그만 운동장에 이리저리 차가 붐비는 탓인지 온통 학교가 시장처럼 야단법석이다. 지난 양미혜 선생님의 사회과 수업 때보다 아이들이 훨씬 안정감이 있고 포근함을 여기저기서 엿볼 수 있다. 우리 스마트 김길수 선생님은 늘 여유 있는 표정으로 아이들을 온몸으로 맞이한다. 지난 수업보다 많은 선생님들이 오셨다. 아이들은 절대로 기죽는 일 없이 활발하게 수업을 시작하였다.

우리 선생님은 '접하기 어려운 지구과학, 생태계 및 환경교육을 할 때 아이들이 어떻게 하면 동영상 제시나 발표학습을 통하여 즐겁게 배움이 일어날 수 있게 할 것인가?' 그리고 '구체적 조작, 즉 먹이사슬과 먹이그물의 생물카드 조작을 통하여 생태계의 평형이 유지될까?'라는 질문에 대한 답을 아이들 스스로 발견하도록 하는 데 고민하면서 수업설계를 하였다.

또한 'A친구가 속한 모둠 안에서 얼마나 모둠원과 상호작용을 통해 자신감 있게 수업에 참여하게 할 것인가?'에 중점을 두고 관찰하였다. A친구를 제외한 C, D, E는 모두 발표력과 이해력이 뛰어난 편이다.

수업시간에 A친구는 거의 말이 없었으며, 모둠학습의 상호작용, 조작활동에 거의 참여하지 않았다. 그러나 선생님께서 말씀하신 몇 가지 질문의 대답을 보면 이해는 하고 있음을 알 수 있다. 25분경 선생님의 질문에 먹이사슬이라고 대답했다. 그리고 30분 먹이피라미드 활동에 생산자 도토리, 1차 소비자 무당벌레, 2차 소비자는 쓰지 않았다. 무당벌레와 도토리의 먹고 먹히는 관계를 설명하라고 했더니 얼버무려 버린다. 아마 생산자는 식물, 소비자는 동물로 알고 있어 그렇게 썼나 보다.

A친구의 장단점들이 모둠활동(즉, 조작활동, 토의활동, 상호활동)을 어떻게 배움이 일어나고 적극적 수업에 참여하는지 관찰하였다. A친구는 모둠활동에 매우 수동적이며, 따라서 먹이사슬, 먹이그물, 먹이피라미드 등 조작활동이 거의 이루어지 않아 '생태계의 평형' 개념의미를 이해하고 있는지는 모르겠다.

오늘 선생님께서는 A친구의 장단점들에 대한 수업분석의 여러 대안을 수업 개선에 반영하였던 것이다. 성격적으로 소극적인 친구와 어떻게 일상대화의 문을 열 것인가? 더 나아가 친구들과의 상호 토의활동에 적극적으로 참여하게 할 것인가? 이후 선생님의 하나의 과제로 남을 것이다.

수업은 교사와 학생의 또 하나의 관계양식이다. 이 관계양식에 따라 수업의 성패가 달라질 수 있다.

김길수 교사의 수업을 보고

참관교사 양미혜

지난 나의 수업 공개에 이어 이번에는 우리 반 학생들을 데리고 전담 선생님의 수업 공개가 있었다. 우리 반 학생들이 다른 선생님과 어떻게 수업을 하는지 궁금하기도 하고, 기대되기도 하였다.

이번 과학수업은 생태계의 평형에 대한 내용의 수업으로 사전에 교사들끼리 만나 수업안에 대해 협의를 한 덕분에 수업내용을 좀 더 잘 이해할 수 있었다. 다만 먹이사슬, 먹이그물, 먹이피라미드에 대한 내용이 중심이 되다 보니 생태계의 평형에 대한 내용이 줄어들어서 아쉬운 부분이 있었다. 활동 1 부분에서 사과의 꿈 모둠의 활동이 늦어지다 보니 교사도 막무가내로 밀고 나갈 수 없는 것이고, 차분히 순서를 밟아 가야 하기 때문에 어쩔 수 없었던 것 같기도 하다. 이 부분은 생태계에 대한 이해가 충분히 이루어지고 나서 평형에 대해 이야기를 나누면 충분히 가능한 부분일 것이다.

전체적인 수업 분위기나 흐름에 대해 이야기를 하면 평소 선생님의 부드러운 목소리와 미소로 학생들을 허용적으로 대하고 있음을 느낄 수 있었고, 학생들이 장난쳐도 받아 주면서 넘어가는 부분이 있어서 여유 있어 보였다. 또 우리 반 학생뿐만 아니라 요즘 학생들은 동영상을 좋아하는 것 같은데 이런 특성을 알고 호기심을 일으키는 동영상을 보여 주며 수업의 이해를 도와주었다. 대부분의 학생들이 동영상을 잘 보고 관심 있어 하였다. 이와 더불어 평소 선생님의 과학수업에서 모둠별 협력활동을 할 때 모둠원들이 협력하는 모습을 볼 수 있었는데, 이때 추출 학생인 B는 C나 D가 모둠을 주도하다 보니 끼어들기가 어렵겠다는 생각도 들었다. 선생님께서는 B와 A의 참여를 이끌기 위해 주의환기를 시키기도 하였는데 B는 지난 수업에 이어 표정의 변화가 별로 없어 보였다.

이번 수업 후 협의회에서는 동영상 시청을 해 보았는데, 수업을 보고 나서 다시 한 번 촬영한 수업동영상을 보고 질문이나 새롭게 알게 된 사실을 적어 보고 이야기를 나누었다. 그리고 붙임쪽지에 중요한 사실들을 적으면서 관찰해 보는 것도 의미 있었다.

다만 우리 학교 선생님들은 참여형 수업연구에 대한 이해가 있는 상태에서 수업을 보고 있지만 외부 교사들은 참여형 수업연구에 대한 이해 없이 수업을 보거나 협의회에 참여한다면 다소 오해가 있을 부분도 있겠다. 또 본교 교사들의 주도로 대화가 이루어지다 보니 지루할 것 같기도 하다. 다음에도 수업을 공개하고 협의회를 할 텐데 수업 공개 범위에 대해 다시 한 번 논의할 필요도 있을 것 같다는 생각이 든다.

4. 수업에 관한 생각의 변화

⏻ 우리 아이들을 바라보는 시선

참여형 수업연구를 하면서 우리 아이들을 바라보는 나의 시각과 깊이가 많이 달라졌다.

기존의 수업준비는 교과내용을 학생들이 쉽게 이해하기 위해 교사가 어떻게 준비하는가에 주안점을 두었다면 지금은 우리 학생들이 수업시간에 얼마나 많이 생각하고 친구들과 의견을 나누며 성장할 것인가에 대한 고민이 많아졌다. 그러기 위해서는 학생들 개개인에 대해서 깊이 알고 좋은 관계형성을 위해 많은 노력이 필요했다. 그래서 전문적이고 체계적으로 학생들을 이해하는 노력이 필요하여 심리연구도 진행하였다.

학생을 알고 이해하기 위해 선생님들과 함께 학생의 성격을 이해할 수 있는 심리연수를 초급, 기초, 기본 과정 등 3회에 걸쳐 연수를 진행하였고 수업 전에 전문가를 초빙하여 학생들의 성격을 분석하고 연구함으로써 우리 아이들을 이해하는 데 많은 도움이 되었다.

또한 수업 협의를 통해 수업내용에 대한 성찰뿐만 아니라 아이가 자라

온 과정, 그리고 교육 및 가정환경들 아이를 둘러싼 여러 환경에 대하여 심도 있게 이야기함으로써 아이가 올바르게 성장할 수 있도록 도움을 주고자 노력하였다.

또한 학생을 관찰할 때 주관적인 생각을 버리고 사실에 입각하여 기록함으로써 객관적으로 살펴볼 수 있었다. 수업 후 선생님들과 함께 아이가 자라 온 모습과 어려움을 함께 협의하였다. 아이의 교육을 위한 좋은 방안을 찾기 위해 노력하였고 다른 학급의 아이도 우리 모두의 아이로 바라볼 수 있어 되어 행복하였다.

⏻ 수업을 보는 눈

수업연구를 진행하면서 내가 왜 수업을 여는가에 대한 성찰도 깊어졌다. 이 수업을 통해서 아이들을 어떻게 성장시키고 싶은가를 고민하게 되었고 그에 맞추어 수업을 설계하고자 노력하였다. 다른 사람에게 보여 주기 위한 수업설계가 아니었다. 교사가 잘할 수 있는 것을 보여 주는 수업도 아니었다. 아이들이 이 수업을 통해 어떤 부분이 발전하고 변화하느냐에 더 관심을 가지고 수업을 설계하였다.

　수업을 참관할 때 교사관찰자, 추출 학생관찰자, 전체 관찰자, 동영상 및 사진기록자, 수업 속기록 작성자 등 역할을 분담하고 기록한 자료를 바탕으로 수업분석 및 협의활동을 함으로써 수업에 대한 철저한 분석이 이루어지도록 노력하였다. 내 수업을 바라보는 관점이 아이들의 성장과 삶의 변화에 관심을 가지게 되었고 실제 교실수업에서도 많은 변화를 가져왔다. 수업을 통해서 우리 아이들이 배웠으면 하는 내용 등을 선생님과 함께 고민함으로 인해서 수업자는 수업에 대한 이해를 높였으며 동료 선생님들의 많은 경험과 조언을 통해서 배움과 성장이 있는 수업이 되기 위해 노력하였다.

　또한 다른 학교 선생님의 수업을 볼 수 있는 기회가 두 번 있었다. 다른 때 같으면 선생님의 교수활동에 중점을 두어 수업을 보거나 흐름에 대하여 살펴보았을 것이다. 수업시간 내내 몇 명의 학생과 선생님의 활동 모습을 기록하면서 차분하게 살펴보았다. 수업이 끝나고 나서 기록한 내용을 바탕으로 선생님과 함께 차분하게 대화하면서 교실 속의 또 다른 수업장면을 함께 논의하였다. 아이의 모습을 자연스럽게 이야기하다 보니 그 속에 수업하신 선생님의 모습이 그대로 담겨 있었다. 정말 신기했다. 수업하신 선생님도 많은 느끼고 자신을 성찰할 수 있는 시간이었으리라 확신한다. 그다음 날 선생님의 수업하신 장면을 간단하게 정리하여 수업관찰 소감을 적어 보내 드렸더니 답장이 왔다. '많은 걱정과 염려 속에서 용기를 내어 수업 공개를 했는데 진실로 공개하길 잘했다. 기존의 수업연구와 달리 수업 속의 아이들의 모습을 보면서 수업 이야기를 하니 많이 편안했고 저의 부족한 부분도 아이들의 모습을 보면서 자연스럽게 느끼고 배웠

다. 수업연구가 이렇게 행복감을 주는가에 대해 새삼스럽게 느꼈고 앞으
로 좋은 선생님이 되기 위해 더 많은 노력과 우리 아이들에 대해 더 많이
알고 이해하도록 하겠다.'라는 내용이었다.

5. 배움과 성장 그리고 행복

참여형 수업연구를 하면서 가장 기억나는 말이 있다. '아이들 한 명 한
명 모두는 세상에서 가장 귀한 존재이고 모두가 긍정적으로 변화할 수 있
다.'라는 것이다.

교실 속에서 수업을 하다 보면 평소 수업모습과 수업연구의 모습이 전
혀 다른 아이들이 제법 있다. 예전에는 선생님의 강한 카리스마나 설득

또는 다른 방법을 통해 생활 지도를 할 수 있었으나 요즘은 많은 환경적 어려움으로 지도에 한계를 느끼기도 한다. 하지만 수업연구시간에는 거의 대부분의 학생들은 긍정적인 모습으로 변한다. 수업을 참관하는 많은 눈 등 이유야 어쨌든 이 한 장면의 모습을 보더라도 아이들 모두가 긍정적으로 변화가 가능하다는 것이다.

아이들을 많이 이해하고 알고 있다고 자부했던 나였지만 최근 들어 학생 지도에 많은 어려움이 있었다. 그 요인 중 하나가 바로 학생과의 관계 형성을 올바르게 가지지 못했기 때문이라 생각한다. 아이들의 고민과 어려움 그리고 마음을 이해하고 지도할 때 우리 아이들의 배움과 성장이 일어나고 그러면 행복도 커질 것이고 자연스럽게 나 또한 교사로서 배움과 성장 그리고 행복도 더욱더 커지리라 생각한다.

끝으로 수업연구를 지도해 주신 천호성 교수님과 교장 선생님 그리고 14번의 수업을 열어 주신 우리 동료 선생님들과 우리 학생들, 선생님을 믿고 지지해 주신 우리 학부모님들께 진심으로 감사의 말씀을 전한다. 고맙습니다. 아이들의 해맑은 웃음을 위하여……. 수곡초등학교 힘!

참고문헌

교육과학기술부, 한국교육학술정보원(2012). 수업자의 의도에서 SMART 교육
    의 의미. 스마트교육수업시나리오.

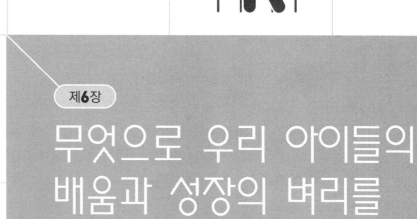

제**6**장

무엇으로 우리 아이들의 배움과 성장의 벼리를 삼을까?

 이병인

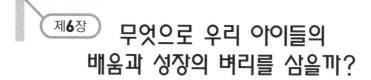

제6장 무엇으로 우리 아이들의
배움과 성장의 벼리를 삼을까?

✤ 이병인

1. 수곡초등학교 1년 차 나의 걸음

⏻ 수곡초등학교에 대한 소문

'아, 여기가 수곡초등학교로구나!' 부임을 며칠 앞둔 나는 궁금증에 못이겨 학교를 방문해 보았다. 건물은 작고 낡아 초라했지만 운동장은 넓었다. 학교를 품은 산은 정다웠다. 특히 넓은 운동장이 눈에 들었다. 넓게 드러낸 흙살은 아이들의 발자국 함성을 그대로 품은 듯했다. '그래, 소문처럼 참 살아 숨 쉬는 학교로구나!' 아이들의 동심을 자연에 담아 키우는 수곡의 TV 영상이 머리에 그려지고, 도시의 답답함과 아토피로 고생하던 아이들이 몰려들면서 폐교 위기의 벽지학교에서 기적의 성장을 이룬 수곡의 명성들이 귓가를 울렸다.

며칠 후 일상을 보내던 나에게 전화 한 통이 걸려 왔다. "우리 학교가 2월 말쯤에 워크숍을 하는데 선생님이 참여하셔야 합니다." 처음엔 기분이 썩 좋지 않았다. '부임도 하지 않았는데 워크숍에 참석하라니……. 유명세가 헛것은 아니었던 모양이구나.' 하는 생각도 들었지만 한편으로는 새롭다는 느낌도 들었다. 지금에 와서 생각해 보니 그것은 혁신학교에 근무할 때 내가 느끼고 공유할 수 있을 법한 아주 중요한 단서였다. 소속 학교가 다른 데도 불구하고 공문 한 장 없이 워크숍에 참여하라고 하는 전화에 대한 약간의 불편함은 비혁신학교에 근무하는 나에게만 날아든 생각이었고, 혁신학교에 근무하는 분들에게는 익숙한 전화였을 것이다.

바다가 내려다보이는 태안의 어느 곳, 수곡의 교직원들과 새로 부임하는 선생님들이 마주 앉아 내년도 교육과정에 대해 이야기를 나누었다. 4본 12색 교육과정, 4계절 행복학교, 농산촌 테마학습, 방과 후 학교 등 너무 많은 내용이 내 머릿속을 헝클어 놓았다. 다행히 '자연을 닮아 가는 행복한 교육공동체'라는 문구가 그것들을 묶어 놓기는 했지만 말이다. 밤이 깊어지자 삼삼오오 자연스럽게 이야기를 나누게 되었다. 난 어떤 선생님과 발코니로 나갔다. "난 수곡의 이런 문화와 전통이 계속 이어졌으면 좋겠네." 그 선생님의 말 속에서 수곡에 대한 걱정과 열정을 느낄 수 있었다. 네 분의 선생님이 교체되는 데서 올 수 있는 단절, 그리고 성장한 수곡이 교육계에 기여해야 할 뭔가를 암시하는 듯 했다. 그때는 수곡의 문화와 전통이 무엇인지 잘 몰랐다. 그저 막연히 아이들의 개성과 인격이 존중되고 자연 속에서 마음껏 뛰놀며 공부하는 그런 학교라고 생각했다. 그런 점에서 여태까지 내가 근무하던 학교와 다를 것이라고 생각했다.

⏻ 내가 겪어 본 수곡초등학교

3월 어느 날 드디어 6학년 담임교사로 첫 출근을 했다. 6학년 교실은 다른 학년들과 떨어져 있었다. 교사(校舍) 부족으로 옛날 유치원의 자료실로 쓰던 곳을 교실로 사용하게 되었다. 옆의 5학년 교실에 비해서도 턱없이 낡았다. 난 이 교실을 추억의 교실이라 이름 지었다. 추억의 교실의 문은 별나게도 열기 힘들었다. 묵직한 연두색 나무문을 열자 칠판 지우개가 '툭' 하고 떨어졌다. 바닥에 엷게 퍼져 가는 분필가루를 보면서, '요 녀석들 재밌네!' 하고 속에서 웃음이 났다. 아이들은 남자 여자 할 것 없이 목소리가 우렁찼다. 그중에서도 유난히 큰 목소리가 "선생님, 왜 이렇게 빨리 오셨어요? 좀 더 늦게 오시지…… 다음부터는 9시 정각에 딱 맞춰서 오세요." 하는 게 아닌가! "왜?" 하고 묻자, "더 많이 놀게요!" 하고 당연한 듯이 대꾸를 하는 것이었다. 순간, '어떻게 받아쳐야 하나?' 하고 고민에 빠졌다. '그래, 자유로운 영혼들이로구나.' 하고 생각을 하고서는 웃음을 머금고, "한번 생각해 보마." 하고 넘어갔다. 첫 만남이 이렇게 넘어갔다. 그때까지만 해도 나는 아이들이 순진하다고 생각했다. 긴장감 없이 나를 대하는 아이들, 쉬는 시간에 각자 편한 대로 시간을 보내는 아이들, 공부에 그다지 집중하지 않는 아이들, 관심사에는 열을 올리는 아이들…….

3월이 끝나 갈 무렵 첫 만남처럼 마냥 미소를 머금을 수는 없었다. 무엇이 급했는지 아이들이 너도나도 할 것 없이 나의 수용선(受容線)을 뛰어넘는 것이 아닌가! 한 남자아이는 자신의 감정에 지나치게 솔직한 나머지 수업 중에도 의견 충돌이 일어나 기분이 상하면 거침없이 욕을 했다. 때로는 어찌나 세게 의자를 박차고 일어났던지 의자를 내팽개친 것이 아닌가 하는 착각이 들 정도였다. 현장체험학습 때 다른 학교 학생들과 싸우기도 했다. 몇몇 여학생들은 이렇게 거친 남자아이도 무서워하지 않았다. 오히려 이 남자아이를 꼼짝 못하게 만드는 건 꽤 성숙한 여학생이었다. 이 여학생은 웃음 띤 얼굴로 이렇게 돌직구의 말을 던진 적도 있었다. "난 선생님을 눈빛만으로도 이길 수 있어요." "그래? 한번 해 볼까?" 하자 눈에 힘을 주는 것이 아닌가! 질풍노도시기의 여학생임에 틀림없었다. 난 이처럼 개성 넘치는 아이들의 표현과 태도에 더 이상 관대해질 수가 없었다. 추억의 교실에서 아이들이 자연처럼 해맑게 자라기를 바라는 나의 기대가 상처를 받았기 때문이다.

 어느 날은 쭉 계시던 한 선생님으로부터 아이들이 우리 선생님이 우리들의 말을 들어 주지 않는다고 했다는 제보를 받았다. 그러면서 왜 아이들의 말을 들어 주지 않느냐고 하는 것이 아닌가! 또 어떤 학부모는 아이들의 개성을 존중해 주면서 아이들과 소통하려는 노력이 필요하다고 은근히 지적하기도 했다. 생각해 보니 아이들과 기존의 세 분의 선생님, 학부모들은 같은 공간에 있는 것 같고, 난 별도의 공간에 있는 것 같았다. 하지만 나만 별도의 공간에 있는 것 같지는 않았다. 나를 포함해서 새로 오신 네 분의 선생님들에 대한 부정적인 시각들이 있었기 때문이다. 난 참 이상하다고 생각했다. 그들은 나에게 묻지 않고 나름대로 평가를 하고 있었던 것이다. 모두들 소통을 부르짖고 있었다. 지금 생각해 보면 혁신학교 키워드 중의 하나인 소통에 대해 내가 너무 둔감했던 것이다. 그럼에도 불구하고 내 입장에서 그들이 말하는 소통은 내게는 일종의 강요였다. 수곡의 문화를 따라 달라는 간곡한 강요! 그들에게 수곡의 문화는 매우 긍정적이고 지키고 유지하고 싶어 하는 것이었으나 나에게는 그렇지 못했다. 나에게는 매우 부정적이었고 힘든 시간이었으며 바꾸고 싶었다. 하지만 이제 1년 차 전입교사로서 잠시 생각에 잠기며 지켜보기로 했다. 난 수습교사처럼 수곡의 문화를 체험하며 1년을 보냈다.

⏻ 수곡초등학교에 대한 내 나름의 생각

 수곡은 혁신학교를 시작하기 전부터 성장해 있었던 학교였다. 소수의 마을 아이들에 더하여 다수의 시내 아이들, 그리고 대도시의 아이들이 찾아들면서 양적인 성장을 이루었다. 무엇이 이렇게 아이들의 발길을 끌었을까? 무엇이 학부모들의 눈길을 끌었을까? 그것은 교사들의 힘이었다. 교사들은 아이들과 학부모들에게 헌신적으로 봉사하고 많은 공모사업을 통해 체험 위주의 다양한 교육을 제공하였다. 내가 수곡에서 제일 많이 느꼈던 흔적은 교사의 수용적인 태도와 세심한 보살핌, 그리고 적극적인 공모사업과 함께 교사 간, 학부모 간의 협의였다. 그런데 그로부터 몇 년을 지나 온 아이들을 맞이한 나는 긍정적인 시선을 보낼 수만은 없었다. 찾아든 아이들은 지나치게 자유로웠고, 체험학습에 포화되어 있어서 배움에 그다지 크게 흥미를 느끼지 않았기 때문이었다. 의외로 배움에 대한 열정을 확인하기가 어려웠다. 아이들은 감각적이고 표면적인 것들에 쉽게 동기화되고 열광했지만 논리적이고 내면적인 것에는 지루함을 드러냈다. 그러한 것에는 귀를 기울이지 않았다. 난 교사들의 지나친 허용적인 태도가 학생들에게 교사의 권위를 존중하지 않고, 자신들의 고집을 먼저 세우는 결과를 낳았다고 생각했다. 학부모들은 아이들의 그런 고집까지도 세심하게 배려하는 교사들을 보고 감동을 받았을 것이다. 결국 인근 학교에서 적응하지 못하는 학생들이 수곡으로 찾아들었다. 물론 그렇지 않은 아이들도 있다. 그러나 주변 학교들의 시선은 그러했다. 결국 수곡이 암암리에 얻은 타이틀은 공립형 대안학교였다. 난 바보스럽게도 힘든 1년이 지나서야 그걸 깨닫게 되었다. 학부모들은 이미 어느 정도 알고 있었던 것 같았다. 다른 시골 초등학교의 학부모들이 인근의 시골 중학교보다는 시내 중학교로 자녀를 진학시키는 것과는 대조적으로 수곡의 학부모들은 인근의 혁신중학교로 상당수의 아이들을 진학시키고 있는 것을 보아서도 알 수 있었다. 어떤 학부모는 아이가 즐겁게 학교에 가는 것만으로도 만족한다고 했었다. 그러니 웃으면서 학교에 갈 수 있는 중학교가 있다면 응당 택하지 않겠는가? 난 비로소 수곡을 선택한 아이들과 학부모들의 성향에 대해서 알 수 있었다.

2. 수곡초등학교 2년 차에 걸었던 참여형 수업연구의 길

⏻ 참여형 수업연구와의 만남

　수곡에서의 2년 차를 어떻게 보낼 것인가? 정말 큰 고민이 아닐 수 없었다. 제일 큰 고민은 학년을 선택하는 문제였다. 고민 끝에 나는 내가 웃을 수 있는 길을 선택했다. 샘물이 스스로 차올라 넘쳐흐르듯 교사의 행복이 충만해야 아이들에게도 행복을 나눠 줄 수 있을 것 같아서였다. 일단은 저학년이었다. 난 2학년 담임교사가 되었다. 2학년 아이들과 첫 대면을 하는 날 나의 마음은 좀 우울했다. 6학년 교사가 떨어져 있었기 때문에 2학년 아이들을 세세하게 관찰할 기회가 없었을 뿐 한순간에 파악할 수 있었다. '아, 이래서 학교문화로구나!' 에너지의 크기만 다를 뿐, 생각이나 행동이 조금 단순할 뿐 느껴지는 분위기는 비슷했다. 내 머리는 이미 비상사태를 선포하고 있었다. 이 작은 자유로운 영혼들에게 난 어떻게 할 것인가? 마땅한 전략은 없었다. 그저 친절하고 따뜻하고 자상한 선생님이 되고 싶었다. 공부도 열심히 가르쳐 주는 선생님이 되고 싶었다. 그러나 아이들은 이러한 내 마음을 서서히 흔들었다. 그런데 쉽게 흔들리지는 않았다. 수곡 1년 차의 내공이 빛을 발하고 있었기 때문이랄까? 애쓰지 않아도 저절로 참아졌다. 난 그런 나 스스로를 이렇게 표현했다. "오히려 제가 학교에 적응 중입니다. 아이들에게 적응 중입니다. 아이들에 대한 수용선이 낮아졌어요." 그렇지만 한 가지 중요한 점은 서서히 보람을 느낄 수 없게 되었다는 것이다. 아이들은 행복한데 난 행복하지 않았다. 혁신학교는 다 그런가? 다른 혁신학교 선생님들은 행복하다고 했었는데……. 과연 그 비결이 궁금하지 않을 수 없었다. 그러던 중 뜻밖의 동아줄이 하늘에서 내려왔다. 동아줄의 정체는 수업혁신을 통한 교사의 성장과 맥락을 같이 하는 것으로 보였다. 구체적인 표현은 '참여형 수업연구'였다. 내키지는 않았지만 다른 선생님들도 잡았기에 나도 잡았다.

⏻ 참여형 수업연구에서의 고민, 계획과 실천 그리고 성찰의 과정

□ 내 마음속에 비친 2학년 아이들의 모습은 어떠한가?

참여형 수업연구의 핵심은 수업분석이 교사 중심에서 아이 중심으로 이루어진다는 것이었다. 아이가 수업을 통해서 무엇을 배웠고, 그 배움이 어떻게 성장의 동력이 되는가를 생각하는 것이다. 그렇다면 결국 중요하게 보는 것은 아이들의 경험이라는 것인데 기존의 수업분석과 뭐가 다른지 나름대로 정리를 해 보았다. 기존의 수업분석도 아이들의 경험을 주요 변수로 생각한다. 흔히 종속변수라고 한다. 종속변수라는 것은 독립변수에 따라오는 것과 같이 생각되어서 마침내는 독립변수에 집착하게 된다. 독립변수는 교사의 행위다. 학습 지도가 되었건 생활 지도가 되었건 말이다. 이를 대변하는 적당한 슬로건이 떠오른다. 교육의 질은 교사의 질을 뛰어넘을 수 없다는 그런 슬로건! 결과적으로 기존의 수업분석은 교사의 교수행위를 집중해서 보게 되었다. 그러나 참여형 수업연구는 종속변수에서 시작하고 그것에 집중한다. 이상이 내가 생각하는 참여형 수업연구의 주요 내용이다. 참여형 수업연구는 두 번의 수업 공개를 통해 아이들의 배움과 성장에 대한 교사의 자기 성찰과 성장을 목표로 하였다.

□ 우리 반 2학년 아이들의 배움과 성장을 위해 무엇을 고민하고 있는가?

'나는 무엇으로 수업을 열 것인가?' 수업 공개는 일상의 누적적 실천의 어느 한 지점을 잡아서 보는 것으로 생각되었기에 결과적으로 이 고민은 '난 2학년 아이들에게 어떤 경험을 갖게 할 것인가?'로 자연스럽게 옮겨졌다. 이것은 학급경영철학 혹은 교육철학과도 만나는 것이었다. 그렇지만 철학부터 들추는 것은 너무 거창했다. 그래서 사소한 고민들에서부터 질문을 던져 보았다.

첫 번째 던진 질문은 '내가 우리 2학년 아이들에게 평소 가지고 있었던 불만은 무엇인가?' 하는 것이다. 아이들이 수업과 관련이 적은 이야기를 하는 것, 그것이 꼬리에 꼬리를 물어 몇몇의 아이들이 서로 이야기하는 것, 그러다 보니 자세가 흐트러지는 것, 학습 중에 뭔가에 기분이 상해 서로 놀리는 것, 싸우는 것 등이다. 즉, 수업에 몰입하지 않고 겉도는 느낌이다. 학생 상호 간, 교사와 학생 간의 말이 서로 섞이면서 뭔가를 창출하지 못하고 있다. 학생들 간의 생활은 어떠한가? 몇몇 아이들은 다른 아이들을 때리고, 욕하고……. 당한 아이들은 나에게 달려와 호소한다. 나는 아이들 간의 분쟁을 조정하기에도 바쁘다. 몇몇 친한 아이들끼리만 놀고 싶어 하고, 그들이 분위기를 주도한다. 평소의 감정이 소집단활동에서도 드러나 함께 활동하기를 꺼려한다. 그러고 보니 난 모두의 참여가 이루어지지 않는 것에 대해서 불만이 있었다. 제각각인 분위기, 교사의 품에 딱 안기지 않는 분위기, 어떻게 하면 모두가 몰입하여 참여할 수 있을까?

우리 2학년 아이들 역시 어느 수곡의 아이들처럼 자유로운 영혼, 나 하고 싶은 대로 하기를 원하고 들어 주지 않으면 삐치는 아이들이다. 그러다 보니 학습에서건 생활에서건 자신의 감정에 충실하다. 물론 저학년이기에 더 자기중심적일 수 있다. 순간 깨달은 것은 아이들 간의 관계가 학습 지도나 생활 지도 전반에 중요한 영향을 끼치고 있다는 것이었다. 어찌 보면 당연한 이야기일 수도 있으나 수곡의 아이들에게 있어서는 교사의 권위가 그다지 큰 고려 대상이 아니었다. 아이들 간의 관계가 더욱더 중요하고 큰 힘을 발휘할 수 있다. 다시 말해 교사의 눈치를 볼 필요가 없으니 서로의 감정을 솔직하게 드러내고 있다. 마음이 맞는 아이들끼리는 협력도 잘되지만 그렇지 않은 아이들끼리는 잘되지 않는다. 이때 교사의 개입이 이루어져도 아이들의 고집은 잘 꺾이지 않는다. 교사는 그저 난감

할 뿐이다. 그래서 아이들의 관계가 개선되면 학습에 대한 참여도 충실해
질 것으로 기대하였다.

　아이들의 관계개선은 학습 지도의 문제라기보다는 생활 지도의 문제라
고 생각되었다. 아이들의 관계개선에 초점을 맞추다 보니 어떻게 하면 학
습장면에 이 문제를 끌어올 수 있을까 하는 고민에 봉착하게 되었다. 일
단은 아이들 간의 접촉이 있어야 했기에 소집단활동을 활성화시키는 것
으로 가닥을 잡았다. 소집단활동은 분명 아이들의 많은 소통의 장이 될
것이기 때문이었다.

　참여, 관계, 협력을 키워드로 하여 배움과 성장에 접목시키기 위한 고민
의 여정을 시작하였다. '배움이란 뭐지? 그래 경험의 유의미한 변화라고
하자. 그러한 경험들이 성장의 동력이 될 거야. 유의미한 경험을 갖게 하
려면 먼저 참여하게 해야 해. 수학 덧셈을 배운다면 덧셈하기에 참여하게
해야 해. 그런데 관계가 참여를 방해하는 것 같아. 그렇다면 서로 관계하
는 장, 즉 소집단활동을 더 많이 제공하고 교사인 나는 조정자의 역할을
해서 관계를 증진시키면 되지 않을까?' 그래서 나는 될 수 있는 한 과제를
소집단활동 과제로 제공하려고 노력하였다. 먼저 4명 기준으로 아이들의
능력, 관계 등을 고려해서 소집단을 구성하고, 서로 협력하여 과제를 해결
할 수 있도록 과제를 제시하였다. 심지어는 특별히 협력이 필요하지 않은
과제라 할지라도 소집단으로 모여서 해결하도록 하였다. 우리 아이들은
집중력이 대단히 짧기 때문에 책상을 소집단으로 배열하지는 않았다. 각
자 개별로 앉되 과제 성격에 따라 짝활동이나 4명 단위의 소집단활동을
할 때 책상을 그때그때 이동하여 구성하도록 했다. 그리고 1차 수업에서
는 소집단에서 아이들이 어떻게 과제를 해결하는지를 보기 위해 수업전
략을 구상하였다.

　1차 수업의 주제는 수학, 물건, 즉 임의 단위를 이용한 길이 재기였다.
이 주제는 수학진도나 우리 2학년 아이들의 활동적인 성향, 즉 정적인 활

동에서는 흥미가 급격히 저하되고 동적인 활동에서는 쉽게 흥분하는 성향을 생각했을 때 적당한 주제라고 판단했다. 이 수업에서 아이들이 소집단으로 길이 재기 문제를 해결하면서 보여 줄 모습들에서 참여 정도나 성취 정도를 보기 위한 것이었다. 난 이러한 목표를 최대한 달성하기 위해 전략을 짜야만 했다. 물건의 임의 단위를 이용하여 길이 재기를 수업주제로 하기 때문에 아이들은 연필로 친구의 몸의 길이를 잴 때, 측정한 물건의 길이에 따라 알맞은 길이의 임의 단위를 선택할 때, 임의 단위로 몇 번이라고 딱 떨어지지 않는 경우를 수치화할 때, 같은 물건이라도 단위길이에 따라 잰 횟수가 다름을 알아차리기 위해서는 다른 친구들의 도움이 필요하리라고 예상할 수 있다. 따라서 아이들 간의 상호의존성을 높이고 의사소통의 양을 늘려 과제해결에 대한 참여와 성취를 높이기 위해서 짝활동이나 4명 단위의 소집단활동을 통해 문제를 해결할 수 있도록 과제를 제시하고 수업을 진행하는 데 중점을 두어 수업안을 짰다.

1차로 계획한 교수 · 학습 과정안은 다음과 같다.

수학과 교수 · 학습 과정안

■ 단원: 4. 길이 재기
  • 차시: 4/12(수학 138-141쪽/수학익힘책 93-94쪽)
  • 학습주제: 물건을 이용하여 길이 재기
  • 지도 대상: 수곡초등학교 2학년 17명(남 11명, 여 6명)
  • 지도교사: 이병인
■ 지도일시: 2013. 5. 30.(목) 5교시(13:10~13:50)

■ 교수 · 학습활동

단계	학습내용	교수 · 학습활동	시간	비고
문제 확인	동기유발	■ 그림을 살펴보고 이야기와 수학적 활동에 대해 생각하기 - 138쪽 그림에서 볼 수 있는 것은 무엇입니까? 이야기를 들으면서 재단사의 고민이 무엇인지 생각해 봅시다.	7′ (7′)	★이야기 듣기 자료
	학습문제 파악	■ 학습문제 이해하기 - 재단사의 고민을 해결하기 위해서 무엇을 공부하면 도움이 될까요? 물건을 이용하여 길이를 재어 숫자로 써 보자.	3′ (10′)	
문제 해결 방법 탐색	연필을 이용한 길이 재기로 측정 상황 맛보기	■ 이야기 속에 나타난 길이 재는 방법 알아보기 - 재단사와 조수는 임금님의 팔 길이를 무엇으로 재었고, 얼마쯤 되었나요? 〈모둠활동〉 1. 연필을 이용하여 팔 길이 재기 ■ 연필을 이용하여 친구의 팔 길이 재기 - 임금님의 팔 길이가 왜 달랐는지 여러분도 친구의 팔 길이를 연필로 재어 숫자로 써 보자. - 친구의 팔 길이는 연필 길이로 몇 번쯤인가요?	10′ (20′)	☞임금님, 재단사 2명, 기록으로 역할을 나누어 하게 한다.
문제 해결	임의 단위를 선택하여 물건의 길이 재기	〈모둠활동〉 2. 클립, 딱풀, 색연필을 이용하여 책상의 길이 재기 ■ 클립, 딱풀, 색연필을 이용하여 친구 책상의 길이 재기 - 클립, 딱풀, 색연필을 이용하여 친구 책상의 길이를 재어 숫자로 써 보자. - 친구 책상의 길이는 클립, 딱풀, 색연필 길이로 몇 번쯤인가요? - 친구의 팔이나 책상의 길이처럼 같은 것을 재었는데 왜 잰 숫자가 다를까요?	15′ (35′)	★클립, 딱풀, 색연필을 담은 통 4개 ☞측정 3명, 기록으로 역할을 나누어 하게 한다.
적용 및 발전	학습내용 정리	■ 생각이나 느낀 점 이야기하기 - 클립이나 딱풀, 색연필로 책상의 길이를 재면서 불편한 점은 없었나요? 〈여분활동〉 교실의 물건 길이 재기 ■ 교실의 물건 중 하나를 골라 길이 재기 - 교실에 있는 물건 중에서 하나를 골라 친구들과 함께 길이를 재어 봅시다.	4′ (39′)	☞수업시간이 남으면 여분활동을 추가 과제로 제시한다.
	차시 예고	■ 차시 예고 - 다음 시간에는 단위길이가 다를 때의 불편함에 대해서 공부하겠습니다.	1′ (40′)	

■ 수행평가계획

평가내용	구분	평가기준	평가 방법
물건을 단위길이로 정하여 길이를 재고 수로 나타낼 수 있는가?	상	물건을 단위길이로 정하여 길이를 재고 수로 나타낸다.	관찰평가
	중	물건을 단위길이로 정하여 길이를 재기는 하나 수로 나타내는 데 어려움을 보인다.	
	하	물건을 단위길이로 정하여 길이를 재는 데 어려움을 보인다.	

　　추출 학생은 A학생과 B학생이었다. A학생은 시내에서 사는 아이고, B학생은 마을에서 사는 아이다. 어찌 보면 B학생은 도시에서 온 아이이기도 하다. 우리 학교에서는 이런 아이를 농촌유학생이라고 부른다. A학생과 B학생 둘 다 아이들과 관계가 좋지 않다. A학생은 거칠고 사납다. 다른 친구들을 윽박지르고 때린다. 고집도 무척 세다. 그리고 아이들 사이에서 생긴 문제는 자기와는 상관이 없다는 식으로 말한다. 어느 날 한 여자아이가 울면서 교실로 들어와 내게 하소연을 하는 것이다. "선생님, A학생이 미끄럼틀을 타는데 저를 밀쳤어요!" 나는 A학생을 불러 물어보았다. A학생은 "아니, 제가 미끄럼틀을 타는데 쟤하고 부딪쳤어요." 이렇듯 A학생은 자신의 잘못을 쏙 빼고 어쩌다 보니 그렇게 되었다는 식의 변명을 늘어놓는다. 그러면 한 번 더 추궁해서, "너하고 부딪쳐서 미끄럼틀에서 떨어진 게 아니고 네가 밀어서 떨어진 거잖아!" 하면 그때서야 "그래요." 하는 것이다. B학생은 ADHD를 앓고 있다. 물론 다른 심리적인 문제도 함께 갖고 있다. 1학년 말에 전학을 와서인지 학기 초에는 아이들과 어울리지 않고 교실에만 있으려고 했다. 그런데 얼마 지나지 않아 아이들과 어울렸다. 문제는 아이들의 호응을 얻지 못한다는 점이었다. 상황판단이나 상대방의 기분을 전혀 고려하지 않고 아이들을 놀리거나 때리는 것이 문제가 되었다. 그러나 B학생은 힘이 없다. 거의 모든 아이들이 B학생에

게 안 좋은 감정을 갖고 있기 때문이다. 말하자면 고립되고 있었다. 그러나 B학생은 이에 굴하지 않고 계속해서 아이들을 놀리며 장난을 걸고, 그러다가 싸우면서 울기도 했다. A학생과 B학생 모두 수행능력이 부족했으나 특히 B학생은 더 심했다. 더군다나 친구들의 도움도 받을 수 없었다. 아무도 도와주려 하지 않기 때문이다. 둘 다 교사인 나에게 지적을 많이 받았다. 특히 B학생은 수업방해가 심했기 때문에 지적을 무척 많이 받았다. 그래서 A학생과 B학생의 참여 정도와 성취 정도를 보기 위해 추출 학생으로 염두에 두면서 수업안을 짰다.

드디어 수업하는 날, 가슴이 두근거렸다. 사전 협의를 통해 여러 변수를 고려할 수 있어서 한층 부담을 덜었음에도 불구하고 교사의 수업의도를 잘 따라 주지 않는 자유로운 영혼의 소유자인 2학년들을 데리고 수업을 하려니 한쪽이 멍했다. 수업이 본격적인 활동에 들어서는 순간이었다. 갑자기 B학생이 수업방해를 하기 시작했다. 난 잠시 망설이다가 평소의 수업을 그대로 공개하기로 한 만큼 B학생을 교실 한 구석에 서게 했다. 수곡에서는 학생들이 잘못을 했을 경우 그 장소에서 3분간 서서 반성하기로 학기 초에 모두가 함께 약속을 했었다. 그런데 문제는 정작 그다음에 일어났다. 평소와 다르게 B학생이 아이들을 향해 '꺽꺽' 소리를 내는 것이었다. 아이들이 웃자 더 재밌어졌는지 큰 소리로 '꺽꺽' 소리를 연달아 내기 시작했다. 그러자 아이들은 B학생을 교실 밖으로 나가 있게 하라고 여기저기서 낮은 목소리를 토해 내기 시작했다. 내가 당황하는 사이에 한 선생님이 B학생을 한쪽으로 데려가 나무라기 시작했다. 그 덕분에 난 수업을 무사히 마칠 수 있었다. 1차의 수업은 악몽이었다. B학생은 평소에 보이지 않던 반응을 보였다. 보통 3분 서 있기를 하면 얌전히 서 있었는데 그날은 오히려 더 수업방해를 한 것이다. 왜 그랬을까? 참으로 알 수 없었다. 한 가지 분명한 것은 B학생과 아이들의 관계가 조각난 것을 단적으로 보여 주었고, 나의 저지력도 미치지 못했다는 것을 여과 없이 드러났다는 것이다. A학생은 의식조차 할 수 없었다.

□ 1차 수업에서 무엇을 확인했는가?

아이들은 모두 방과 후 활동을 하러 가고 교실엔 아이들의 기록과 선생님들만 남았다. 많은 이야기들이 오고갔지만 가장 큰 이슈는 두 가지였다. 하나는 반 분위기가 전체적으로 선생님 울타리에 들어와 있다는 느낌이 부족하다는 것과 다른 하나는 B학생의 수업방해 행동에 관한 것이었다. 내가 생각하기에 두 가지 모두 허용적인 나의 태도에서 비롯된 것 같아 무척 안타까웠다. 아이들이 교사인 나의 말에 적극적으로 경청하지 않는 것이라든지 B학생이 1차 저지에도 불구하고 적극적으로 수업방해를 한 것은 모두 교사의 권위 부재에서 오는 것으로 생각되었다. 나는 아이들의 관계개선을 통해서 참여를 높이려는 그동안의 노력들을 되짚어 보아야만 했다. 그래서 선생님들의 수업후기와 수업 협의 속기록, 수업 동영상을 면밀히 살펴볼 수밖에 없었다.

　선생님들의 수업후기에 기록된 A학생과 B학생의 모습을 보면 나의 걱정이 괜한 것이 아니었음을 알 수 있었다. 전반적으로 무난하게 수업이 진행되고, 아이들도 내용을 잘 이해하고 있는 것에 비해 A학생에 대해서는 친구들에 대한 배려가 부족한 것 같다는 짤막한 글이 있었으나 B학생의 경우에는 선생님에게 집중하지 않는다, 수업과 관계없는 활동을 한다, 친구들의 모둠활동을 방해한다, 듣기 싫은 소리를 내며 피해를 준다, 그로 인해 같은 모둠의 짝꿍인 C학생이 머리가 아프다며 자기 책상에 머리를 찧는 등 친구들이 고통을 호소한다, 교사가 3분간 서 있기 벌을 주었으나 지속적으로 수업을 방해한다, 다른 아이들이 이구동성으로 B학생을 복도로 내보내라고 한다 등의 내용을 열거하면서 아이들과의 관계가 매우 좋지 않음을 지적했다. 이어서 추후 단호한 지도가 필요하고 아이들과의 관계 회복을 위한 프로그램이 필요하다고 피력했다. 결국 수곡이 추구하는 인간상, 자연을 닮은 행복한 교육공동체와 우리 아이들의 현재에 대한 근본적인 고민을 다함께 해 보는 것이 필요하다고 느꼈다.

　선생님들의 수업후기에 동감하면서 혼자 조용히 수업 동영상과 속기록을 살펴보았다. 수업 속에서 B학생은 (문제확인 단계에서) 교사의 "B학생, C학생이 뭐라고 했지?"라는 질문에 "몰라요." 하고 대답한다. 친구가 발표를 할 때 연필을 만지작거리며 놀거나, 교사가 설명을 할 때 주위를 두리번거리다 어딘가를 한동안 응시하고 있다. 가끔 하품도 한다. 종잇조각을 가지고 놀기도 하고, 연필, 지우개, 종잇조각 등을 번갈아 가며 가지고 논다. 책상 속을 이리저리 뒤져 보기도 하고, 다른 종잇조각을 꺼내서 놀고, 건너편 A학생에게 말을 걸기도 한다. (문제해결 방법 탐색 단계에서) 임금님 역할을 정할 때, "저요!" 하며 손을 번쩍 들고, 주의점을 말할 때 A학생의 머리를 몇 회 건드리고, 별 반응이 없자 등을 건드린다. 그러자 A학생이 큰 소리로 "하지 말라고!" 하며 화를 낸다. 친구들이 잰 결과를 발표할 때 책상 위의 종잇조각을 연필로 치며 논다. 그러다 C학생의 발을 건드리며 놀다가 급기야는 C학생이 화를 낸다. 이어서 한동안 연필로 치며 책으로 밀고 발로 툭툭 건드리며 싸운다. (문제해결 단계에서) 물건들이 들어 있는 파란 바구니에 관심을 갖는다. 그러다 교사가 설명을 하는 동안 필통을 가지고 논다. 잴 물건을 정할 때 큰 소리로 "저요!" 하고 말하기도 하고, 교사가 설명을 할 때 바구니를 가지고 책상을 재는 듯하자 C학생이 밀쳐 낸다. 다른 친구들이 책상의 길이를 잴 때 다른 모둠이 하는 것을 쳐다보다가 갑자기 '랄라' 하며 큰 소리로 노래를 부른다. 친구들과 상호작용을 하지 못하고 고립되어 있다는 생각이 든다. 친구들이 책상의 길이를 잴 때 B학생은 하지 않고 있다. 노래를 부르거나 바구니로 장난을 치고 있다. C학생이 괴로운 듯이 머리를 쥐어짜고 있다. 이때 D학생이 화를 내며 B학생을 제지한다. 아예 다른 모둠의 활동을 쳐다보고 있다. 멋대로 행동한다. D학생의 풀을 뺏으려 하자 C학생이 화를 내고 급기야 둘이 일어서서 돌아다니며 신경전을 벌인다. 친구들이 잰 결과를 발표할 때 갑자기 '꿱' 소리를 내면서 '까르르' 웃고 주변 반응을 본다. "B학생이 계속 소리를 내서 선생님이 못 들었어요."라는 교사의 개입에도 불구하고 계속 소리를 내며 웃는다. 3분간 서 있도록 한 교사의 제지 후에도 D학생에게 "입 냄새!" 하며 놀린다. 다른 친구들이 발표를 할 때 계속해서 '꿱' 소리를 낸다. 그러자 A학생이 "아이, 정말! 하지 말라고!" 하며 화를 낸다. B학생은 아랑곳하지 않고 크게 웃으며 방해를 한다. 3분 동안 나가 있도록 한 교사의 2차 제지 후에도 '꺽' 등의 소리를 내며 방해를 한다. (적용 및 발전 단계에서) 교사가 물건으로 길이를 재면서 불편했던 점에 대해서 묻자, 한 아이가 갑자기 "불편한 게 있어요!" 하고 호소를 해서 들어 보았더니, "B학생이 트림해서 불편했어요!"라고 하자 아이들이 "저도 불편했어요!" 하며 이구동성으로 맞장구를 친다.

　의도했던 참여와 성취라는 관점에서 볼 때 B학생은 과연 어떠했는가? 수업 동영상 속의 B학생은 교사의 설명이나 친구들의 발표에는 흥미가

없었다. 주변의 연필, 지우개, 책, 책상 속의 종잇조각 등을 이용해서 놀거
나, 옆 친구들을 건드리며 웃거나 했다. 그런데 비록 상황에 적절한 행동
은 아니었지만 역할을 정한다든지, 길이를 재는 물건을 선택할 때는 적극
적인 모습을 보여 주었다. 그러나 친구들과 협동하는 부분에서는 아무것
도 하지 않았다. 오히려 다른 모둠이 하는 것을 지켜보다가 자기 모둠의
활동을 방해하는 모습을 보였다. 내가 본 모습은 단절, 고립, 급기야 방해
로 이어졌다. 그러한 일련의 행동들이 어쩌면 관심 끌기였는지도 모르겠
는 생각이 들었다. B학생이 보여 준 행동 패턴은 평소 수업보다 제지를 덜
당해서인지 더 심했다. 어쨌든 그 일련의 행동들은 평소의 친구관계를 여
과 없이 보여 주는 것이었고 친구들과의 학습으로부터 거부당하고 있었
다는 명백한 증거로 드러났다.

　수업 협의 속기록을 살펴보니 B학생과 같이 교사 혹은 다른 아이들의
말을 잘 듣지 않고 관계가 깨져 있는 아이들에 대해서는 교사의 개입이 달
라져야 한다는 글귀가 눈에 들어왔다. 수업 목표나 내용보다 수업을 형성
하는 조건들에 대해 고민해야 한다는 것도 있었다. 아마도 관계회복의 필
요성을 말하는 것 같았다. 하지만 수곡에서는 교사의 개입의 정도가 제한
되어 있다. 어떠한 경우라도 체벌을 하지 않는 학교문화, 훈육을 달갑게
생각하지 않는 학부모, 인내와 기다림 등의 교육기조 때문이다. 즉, 3분
동안 서 있게 하는 정도가 다이고, 그 외에는 꾸준한 상담을 통해 개선을
기대하는 것이 전부라 할 수 있다.

　어떻게 하면 B학생이 수업에 집중하고, 친구들과 의사소통을 원활히
하고, 관계도 회복할까에 대한 고민을 얻으며 1차 수업을 마쳤다.

❑ 우리 반 2학년 아이들의 배움과 성장을 위해 무엇에 집중했는가?

　1차 수업 후에 느낀 점은 나름대로 생각했던 아이들의 배움과 성장에
대한 바람이 생각 이하로 훨씬 막연했었다는 것을 느꼈다. 생활 지도나

학습 지도에서 아이들의 이야기를 들어 주고 함께 고민했었다고 생각했는데 그것은 표면적인 것들이 대부분이었다. 아이들은 각자 감정을 전달하고 이해하는 방식이 달랐다. 그런데 각 개인에 초점을 맞추지 않고 2학년 아이들의 일반적인 성향만을 머릿속에 떠올리며 통상적인 관계만을 맺고 문제를 해결했던 같다. 그래서 되도록 아이 하나하나에 초점을 맞추어 관찰하고 기록했다. 그러다 보니 각각의 버릇, 말투, 습관 등이 더 잘 그려졌다. 그러다 보니 아이들의 호, 불호를 더 잘 알게 되어 수업장면에서 동기유발이나 과제제시, 수업진행 등의 면에서 훨씬 적극적인 상호작용이 가능하게 되었다.

추출 학생인 A학생, B학생을 포함해서 몇몇 아이들의 태도는 쉽게 개선되지 않았다. 그러나 구성원을 바꾸어 가며 모둠을 짜고 소집단활동을 하면서 아이들 사이에 이루어지는 대화, 협력 등을 관찰해 보니 어느 정도 최적화된 모둠구성을 할 수 있었다. 즉, 어느 정도 타협점을 찾을 수 있었고, 과제 해결에 몰입할 수 있도록 모둠구성을 하였다. 이에 더하여 되도록 과제를 협력적으로 할 수 있도록 제시했다. 예를 들면, 글을 썼으면 돌아가며 읽는다든지, 어떤 의견을 모아서 발표하게 한다든지, 모둠별로 악기연주 게임을 한다든지 하는 식으로 말이다. 소집단별로 과제해결의 양과 시간이 쌓여 갈수록 아이들의 수행능력이나 태도가 세련되어져 갔다.

아이들 각각의 실태와 아이들 간의 관계를 고려하고 수업전략을 수립하여 수업을 했을 때 아이들의 참여 정도와 성취 정도가 좋아졌다. 따라서 2차 수업에서는 아이들 개개인의 성향과 반 전체의 분위기를 고려한 수업진행 방법이나 과제제시 방법 등을 염두에 두어 수업전략을 고도화하는 데 집중하였다. 예를 들면, 수곡의 2학년 아이들은 전반적으로 몸을 움직이는, 도구를 사용하는 활동적인 것에 민감하고, 쉽게 흥분하고 적극적이 된다. 특히 B학생은 동적인 것에 더 민감하게 반응하고 짧은 시간에 해결할 수 있는 과제를 제시했을 때 효과적이다. 또 A학생은 활동적인 과제를 제시할 때 리더십을 발휘하고 싶어 한다. 교사의 설명 등 정적인 부분에서는 지루함을 빨리 느끼기 때문에 설명이 필요하다면 문답식 혹은 퀴즈식으로 진행하는 것이 훨씬 반응이 좋고 효과적이다.

2차 수업에서는 국어, 인물의 마음을 살려 실감 나게 읽기를 주제로 수업을 하였다. 다소 연극적인 요소가 있기 때문에 아이들의 흥미가 매우 높을 것이라 생각했다. 특히 내용파악에 대한 질문은 퀴즈식으로 진행하도록 설계하였다. 그리고 실감 나게 읽기를 교사와 학생, 학생과 학생 등 다양한 상호작용이 일어나도록 하였다. 특히 발표와 칭찬을 좋아하는 아이들의 특성을 감안하여 매 활동마다 발표의 기회를 주고 서로 칭찬하는 시간을 갖도록 수업안을 짰다.

2차로 계획한 교수·학습 과정안은 다음과 같다.

국어과 교수·학습 과정안

- 단원: 3. 마음을 담아서
  - 차시: 3/11(국어 86-91쪽)
  - 학습주제: 인물의 마음을 살려 실감 나게 읽기
  - 지도 대상: 수곡초등학교 2학년 15명(남 10명, 여 5명)
  - 지도교사: 이병인
- 지도일시: 2013. 10. 11.(금) 5교시(13:10~13:50)

■ 교수 · 학습활동

단계	학습내용	교수 · 학습활동	시간	비고
도입	동기유발	■ 이야기를 실감 나게 읽기에 관심 갖기 　- 이야기를 친구들과 나누어 읽으며 내용을 파악해 봅시다. 　- 이야기의 일부를 듣고, 친구들이 읽은 것과 비교해 봅시다.	8′ (8′)	☞ 이야기를 네 부분으로 나누어 진행한다. ★ 이야기 듣기 자료
	학습목표 파악	■ 학습목표 확인하기 공부할 문제를 알아봅시다. ♣ 인물의 마음을 살려 실감 나게 읽어 봅시다.	2′ (10′)	☞ 구조화하여 판서한다.
전개	학습 과정 안내	♣ 학습 과정 알아보기 공부할 내용을 차례대로 알아봅시다.	2′ (12′)	☞ 도식화하여 판서한다.
	이야기 속 대화글 연습	〈전체활동〉 1. 이야기 속 대화 글의 일부 연습하기 ■ 89쪽 □□번 대화 글을 교사의 안내에 따라 연습하기 　- 양반과 돌쇠의 마음을 짐작하며 실감 나게 읽어 봅시다.	5′ (17′)	☞ 인물의 마음에 어울리는 표정과 몸짓, 목소리의 시연에 중점을 둔다.
		〈짝활동〉 2. 이야기 속 대화 글의 전체 연습 및 발표하기 ■ 90~91쪽 □□번 대화 글을 짝과 함께 연습하고 발표하기 　- 양반과 돌쇠의 마음을 생각하며 실감 나게 주고받는 말을 읽어 봅시다. 　- 짝과 함께 발표해 봅시다.	8′ (25′)	☞ 상호교정이 활발히 이루어지도록 한다.
	이야기 실감 나게 읽기	〈개별활동〉 3. 이야기를 실감 나게 읽기 및 발표하기 ■ 91쪽 □□번 각자 이야기를 실감 나게 읽고 발표하기 　- 각자 이야기를 실감 나게 읽어 보고, 확인해 봅시다. 　- 각자 발표해 봅시다.	8′ (33′)	☞ 각자 큰 소리로 읽게 한다.
정리	학습내용 정리	■ 친구들의 읽기 과정에서 칭찬하고 싶은 점과 그 까닭에 대해 이야기 나누기 　- 친구들의 발표에서 칭찬하고 싶은 점을 이야기해 봅시다. 　- 친구들의 칭찬을 듣고 어떻게 이야기를 실감 나게 읽을 수 있었는지 이야기해 봅시다.	5′ (38′)	☞ 상호 긍정적인 교감이 이루어질 수 있도록 한다.
	차시 예고	■ 다음 시간에 공부할 내용 확인하기 　- 다음 시간에는 일상생활에서 겪은 일을 시나 노래로 표현하는 방법에 대해서 알아봅시다.	2′ (40′)	☞ 기대감을 갖게 한다.

■ 수행평가계획

평가내용	구분	평가기준	평가 방법
인물의 마음을 살려 실감 나게 읽을 수 있는가?	상	인물의 마음을 살려 실감 나게 글을 읽는다.	관찰평가
	중	조금 어색하지만 인물의 마음을 살려 글을 읽는다.	
	하	인물의 마음을 살려 글을 읽는 것을 어려워한다.	

❑ 2차 수업에서 무엇을 확인했는가?

1차 수업의 악몽을 뒤로하고 2차 수업을 준비하였다. 수업 시작 10분 전, 아이들이 몹시 흥분되어 있었다. 자리에 앉아 있지 않고 교실 이곳저곳을 돌아다니고 있었다. 5분 전, 화장실을 간다던 아이들 몇몇이 들어오지 않고 있었다. 평소에 하던 짧은 명상을 통해 잠시나마 아이들의 흥분을 가라앉힐 수 있었다.

제재 글을 나누어 읽으면서 중간중간 내용파악을 위한 퀴즈를 내며 아이들을 몰아갔다. 이어서 제재 글의 대화 글 부분을 아이들과 주고받으며 실감 나게 읽는 것에 대해 자연스럽게 습득이 되도록 하였다. 순간 아이들이 1차 수업에 비해 훨씬 집중 정도나 호응 정도가 좋아진 것을 느낄 수 있었다. 특히 대화 글 전체를 짝과 연습할 때는 해당 인물에 몰입하여 표현하는 아이들이 하나둘씩 늘어났다. 특히 C학생의 실감 난 연기는 다른 학생들에게 많은 긍정적인 영향을 끼쳤다.

수업후기를 보면 1차 수업에 비해 아이들이 수업에 적극적으로, 재미있게 참여하려는 모습이 눈에 띄었다는 내용이 눈에 들어왔다. 특히 학생이 수업을 주도하는 면이 두드러지게 나타났다고 하였다. 1차 수업에서 심하게 문제행동을 보였던 B학생에 대해서는 종이를 찢어 씹거나 자기주장만 해서 짝과 다투는 모습 등을 보이기는 했으나 적극적으로 짝활동에 참여하는 모습을 긍정적으로 보고 있었다. 이에 더하여 모둠구성에 대한 세심한 배려가 엿보인다고도 하였다.

수업 동영상 속의 나는 훨씬 편해 보였다. (도입 단계에서) 아이들도 안정적인 모습을 보이고 있었다. B학생은 아이들이 제재 글을 읽는 동안 종이를 찢어 입에 넣고 껌처럼 계속 씹고 있었다. 두리번거리고 딴짓을 하는 B학생에게 자주 질문을 하며 흐트러지지 않도록 유도하였다. 그러자 잠깐잠깐 친구들이 하는 말을 듣기도 했다. B학생에게도 제재 글의 일부분을 읽을 기회를 주자 머리를 긁적이며 떠듬떠듬 읽어 간다. 1차 수업에 비해 아이들이 B학생이 읽는 것에 긍정적인 반응을 보이고 있다는 생각이 들었다. 칭찬의 박수를 받은 B학생은 책에 집중했다. 제재 글을 읽는 내레이터의 목소리를 듣는 동안 종이를 씹고, 연필을 흔들기도 하고, 가끔 주변을 두리번거리기는 했지만 1차 수업에서처럼 짝꿍이나 친구들을 건드리거나 수업방해를 하지는 않고 있었다. (전개 단계에서) 교사의 "몇 쪽을 보자!"라는 지시에 책을 이리저리 펴 보기도 한다. 친구들이 웃고 재밌어하는 부분에서 따라 웃고, 혼자 책을 보고 중얼중얼 연습을 해 본다. 처음엔 짝활동을 하지 않고 있다가 교사가 개입하자 이내 곧 짝활동을 시작하였다. 짝과 나와서 발표하는 시간, B학생이 친구들과 함께 힘차게 "큐!" 하고 외친다. 자원했던 친구들의 발표가 다 끝나자 B학생이 발표를 하고 싶다고 손을 들고 앞으로 나온다. 그런데 짝꿍인 E학생이 응하질 않아 교사인 나는 다른 친구들이 대신 응해 주기를 원한다는 메시지를 던졌다. 그러자 여기저기서 "제가 해 줄게요!" 하며 예닐곱 명이 손을 번쩍 드는 것이 아닌가! 그래서 B학생이 직접 함께 할 짝꿍을 선택하도록 해 주었다. 때론 웃으며 머리를 긁적이기도 하면서 짝꿍과 호흡을 맞추어 대화 글을 읽어 가고 있다. 글 전체를 실감 나게 읽도록 연습시간을 주자 열심히 읽고 있다. 모둠의 대표가 나와서 발표를 하도록 요구하자 모둠에서 자원하기도 하고 친구를 추천하기도 했다. (정리 단계에서) 친구들이 실감 나게 읽게 된 점을 칭찬하는 시간을 가졌다. 칭찬을 받지 못해서 우는 F학생도 있었다.

수업 속의 B학생은 비록 주변 물건을 만지고, 두리번거리기도 하고, 말

참견을 하기도 하지만 친구를 방해하거나 수업흐름을 방해하는 행동이나 태도는 보기 어려웠다. 오히려 중간중간 B학생이 관심 가는 부분에서 집중하는 모습을 보여 주며 참여했을 때 오는 기쁨을 웃음으로 표현해 주었다. 특히 관계라는 맥락 속에서 볼 때 B학생의 성장이 두드러진다. 다른 친구들의 얼굴에서 반감을 거의 찾아보기 힘들었고, 오히려 도와주고자 자원하는 친구들이 는 것이 그 증거가 된다. 이러한 관계가 B학생의 참여와 성장을 촉진시키리라 생각된다.

수업 협의 속기록에서는 B학생이 교사의 규제 안에 들어와 있다는 느낌을 받았다거나 A학생이 다른 친구들을 보고 듣는 연습이 잘 되어 있는 것 같고, 짝활동을 할 때에도 빨리 하자며 적극적인 모습을 보였다거나 아이들의 관계를 고려할 때 아이들이 굉장히 많이 성장했다는 표현이 눈에 들어왔다. 특히 눈길을 끄는 대목은 의사소통능력을 키워 주는 교육이 중요하다는 것이었다. 수업 동영상에서도 느낀 것이지만 교사인 나는 아이들의 발표내용, 감정 등을 그대로 읽어 주는 반응을 많이 보이고 있었다. 1차 수업 때와 제일 많이 달라진 부분이기도 하다. 예를 들면, 누구는 그렇게 생각하는구나, 그랬구나 식의 표현이 많았다. 그래서인지 수업에서 아이들과의 대화가 편해진 것 같았다. 자연히 아이들과의 호응 정도도 높아진 것 같았다. 여러 상담연수를 받은 덕분으로 생각된다. 특히 적극적 경청에 대해서 느낀 바가 컸다.

❏ 2학년 아이들의 배움과 성장의 벼리는 무엇이었을까?

1, 2차에 걸쳐 수업을 열면서 어떻게 하면 배움과 성장을 최대로 이룰 수 있을 것인가에 대한 고민으로부터 시작한 것이 배움과 성장의 조건이 되려면 소통과 관계가 원활해야 한다는 것을 깨닫고 어떻게 하면 관계를 회복할 수 있을까에 집중하게 되었다. 교사인 나와 학생 간의 관계는 2차 수업 속에서의 나를 보며 확인할 수 있었다. 아이들의 감정을 그대로 읽

어 주고 아이들의 말을 그대로 들어 주는 것이 시작이라는 것을 알았다. 즉 아이들의 감정을 수용하고 아이들의 말을 적극적으로 경청하는 것이 시작의 열쇠가 된 것이다. 아이들 간의 관계 회복의 열쇠는 무엇이었을까? 생활 속에서 놀이를 통해, 수업 속에서 소집단활동을 통해 늘 호흡을 같이하면 서로의 참여를 확인하고 독려하게 되며 배움을 확인하고 성장의 기쁨을 함께 나누게 되는 것 같다. 교사의 기다림 속에 아이들은 달팽이처럼 느리지만 지속적인 성장을 보여 주었다.

3. 수곡초등학교 3년 차에 걸어야 할 길에 대한 고민

아이들과 나와의 관계에서 수곡 1년 차에 수용선을 낮추는 마음가짐을 가졌다면 수곡 2년 차에는 더 나아가 아이들의 감정을 읽어 주고 적극적 경청을 통해서 수용선 밖에 머물던 아이들을 안으로 끌어들였던 것 같다.

이제 수곡 3년 차에는 어떤 길을 걸어야 할 것인가? 수곡 아이들을 참여, 배움과 성장의 길로 이끌 수 있는 나만의 벼리를 갈고닦아야겠지 하는 생각이 스친다. 결국 큰 벼리는 아이들에 대한 관심, 사랑 그리고 노력이 아닐까 생각하면서 작은 벼리에 대한 즐거운 고민을 계속 이어갈 것이다. 아이가 배움과 성장에 눈 돌릴 때 가장 큰 보람을 느낄 것이다. 수곡 3년 차의 길은 1년 차에 잃었던 보람을 다시 되찾는 것이 될 것이다.

제**7**장

물여울 청개구리들의
수업 이야기

 이동남

물여울 청개구리들의 수업 이야기

❖ 이동남

1. 청개구리들의 상황

⏻ 학교

아름다운 칠보산으로 둘러싸여 있는 수청리 여옥마을에, 작고 아담한 학교가 있다. 주위의 산과 들 그리고 저수지가 옹기종기 모여 사계절 경치를 뽐내는 그곳에 수곡초등학교가 있다.

교문을 들어서는데 학교 입구에 '자연을 닮은 아이들'이라는 현수막을 두른 망루가 교문 앞 연못에 떡하니 자리하고 있었다.

이 학교는 체험학습과 방과 후 활동으로 유명세를 탄 학교다. 이곳에 근무하신 선배 선생님들께서 많은 노력을 하신 덕분으로 작은 시골 학교임에도 학생 수가 120여 명에 이르렀고 현재는 90명의 학생들이 이곳에서 각자 다른 색깔의 꿈을 키워 나가고 있다. 자연을 닮은 아이들이란 말에 걸맞게 봄이면 주변 마을을 돌아다니는 마을탐사와 지역축제에 참가하고 있으며 여름이면 자연과 함께 생활하고 물놀이 및 숲 속 체험을 한다. 가을이면 예술과 함께 자신의 끼를 발산하고 겨울이면 눈 속에 파묻혀 한 주씩 한 달이나 되는 기간 동안 자연을 만끽한다. 또한 바이올린과 첼로 등의 다양한 악기가 모두 갖추어져 있어 원하면 언제든지 자신의 흥미와 적성에 맞게 선택하여 자신의 특기를 향상시킬 수 있다. 배울 수 있고 시기에 따라 과학마술과 역사논술 등 다양한 방과 후 학습이 이루어져 학생 모두가 무료로 수강할 수 있는 많은 장점이 있는 학교다. 이렇게 좋은 학교에서 맑고 순수한 우리 아이들이 자연과 관련된 많은 체험이 이루어 졌으니 한없이 조화를 이루며 살아가는 자연처럼 멋진 아이들로 자라나고 있다.

이렇게 학교에 일어난 변화는 이제 한 단계 더 나아가고 있다. 자연과 함께하는 여러 체험활동 등의 학교환경이 변한 것뿐 아니라 학교에서는 학생들을 어떻게 가르칠 것인지에 최우선 두고 학생들의 특성에 맞는 올바른 교육활동이 이루어지는 일에 학교의 모든 역량을 집중하기 위하여 노력하고 있다. 그 일환으로 참여형 수업연구를 통해 자연을 닮은 아이들을 기르기 위해서는 학교는 어떤 노력을 해야 하는지 학생에게 어떤 것들이 제공되어야 하는지에 관심을 두고 이를 하나씩 알아 가고 있는 단계에 있다.

이와 같은 학교에서 근무하는 것 자체가 두근거리게 하기도 하지만 출근과 함께 교문에서 교장 선생님께서 해 주시는 하이파이브의 힘찬 응원도 여느 학교와 달랐다.

⏻ 아이들

　　올해 맡게 될 학생들은 ○학년 ○반 학생들이다. 처음 학교에 전입해 온 교사에게 대개 고학년을 맡기는 것과는 달리 저학년을 맡아 너무 과한 대접이 아닌가 생각을 하고 기쁜 마음으로 ○학년 교실로 향하였다. 이 학교는 아침에 학생들이 조금 늦게 등교하는 것 같았다. 교무실에서 따뜻한 차를 마시며 직원들과 쑥스러운 인사 나누기를 몇 번이나 하면서 기다리다 아이들이 등교하기 전 미리 교실을 정리해 놓자는 생각을 하고 교실에 와서 청소기를 돌리며 의자를 가지런히 정리하였다. 50여 분 기다림 끝에 버스를 타고 등교하는 아이들과 처음 대하였다.

　　활짝 웃는 웃음과 저분이 여기 왜 우리 교실에 있는지 하는 궁금해하는 표정으로 나를 살피던 아이들이 조용한 침묵으로 나를 관찰한다. 그러더니 조금 용기를 낸 A군이 선생님이신지 묻고는 이내 자리에 앉았다. 그리고 아이들의 얼굴을 살펴 가며 날 소개하였다. 모두가 나의 말소리 하나하나에 귀 기울이는 모습에서 아침에 청소를 하며 기다린 노력이 그리 헛되지 않았음을 느끼며 기뻐했던 첫 만남이었다.

　그로부터 3일 후 아이들의 다툼이 있어 서둘러 그 자리로 달려갔다. 다툼은 사소한 일로 인한 것이었지만 내가 가장 많은 관심과 노력을 기울여야 할 일이 되었다. B군은 흥분을 하면 잘 참지 못했다. 또 A군은 말이 거칠고 화를 잘 내며 조금 긴 대화를 하면 화가 나는 상황이 되었다. C군은 너무나 자유분방한 모습으로 생활하고 있어서 조화로운 어울림과는 조금 거리가 있었다. 다른 많은 친구들은 이 아이들과 사이좋게 잘 지내며 서로 돕고 이해하며 지내고 있었다. 자유로운 성향이 강하여 하고 싶은 이야기들을 많이 하는 편이지만 대부분 티 없이 맑고 순수했다.

　몇 명의 특별한 아이들은 많은 관심과 노력이 필요하겠다는 상황을 알고 조금은 조심스러운 한 해를 시작하였다. 그리고 2주가 지난 토요일에 학교 뒷산을 올랐다. 이 학교에 다니던 선배들이 졸업생들이 혹은 선배 선생님들이 이곳을 지났으리라 생각을 하며 산길을 올라 학교와 마을을 보며 아이들을 떠올렸다. 앞으로 B군을 위한 특별한 내 나름의 방법을 찾자는 것과 B군뿐만 아니라 A군 C군 모두가 남을 배려하고 협력하는 아이로 자라나 행복한 학교생활을 할 수 있도록 많은 관심과 노력을 기울여야겠다고 정리하며 산을 내려왔다. 마음속에선 언젠가 한 번쯤 맡게 될 아이를 내가 지금 경험하는 것이고 이들을 가르치고 보살피고 더 나은 방향으로 이끄는 노력을 통해서 다른 선생님들은 경험하지 못한 큰 경험적 자산을 가지게 될 참 좋은 기회가 될 수도 있다고 생각하니 마음이 좀 더 편해짐을 느낄 수 있었다.

　4월 과학의 달 행사를 실시하는 날이다. 아침부터 학생들에게 과학의 달 행사내용을 안내하고 우리 반이 하게 될 활동을 소개하였다. 드디어 준비물을 꺼내고 3가지 활동들 중 먼저 해시계 만들기 활동을 안내하였다. 해시계를 만드는 도중 양면테이프를 잘 다루지 못하는 B군은 양면테이프를 꼭 들어맞지 않게 붙여서 플라스틱 폼이 삐뚤어진 채로 맞추어졌다. 그러더니 손으로 구기고 찢고 집어던졌다. 시작한 지 15분이고 아직 두 시간을 더 해야 하는데 난감했다. B군이 내지르는 소리와 난동으로 난 그 아이의 손을 꽉 붙잡아야 했다. 그런데 B군을 붙잡고 아이들을 바라보니 앞으로 만들 두 가지 준비물은 책상 위에 놓여 있고 모든 활동은 중단 상태가 되었다. 아이들은 이런 소란이 처음이 아닌 듯 구경하고 있었다. 서둘러 교감 선생님께 도움을 요청했고 교무실로 데려가 혼자 돌아왔다. 그렇게 나머지 학생들과 함께 나머지 만들기를 모두 마치려고 할 무렵 교감 선생님께서 B군을 데리고 오셨는데 B군은 여전히 화를 참지 못하고 있었다. 그 아이가 가장 원망한 것은 아이들과 우리 교실에 같이 있지 못하게 한 나의 결정이었다. 그가 가장 편한 곳은 우리 교실이고 우리 아이들과 있을 때 더욱 안정을 느끼는데 교무실에 있게 한 조치가 그 아이를 더욱 불안하게 했던 것 같다.

이외에도 많은 날을 그 아이들과는 생활 지도문제로 고민해야 했고 거의 매일 이루어지는 그 아이와의 일은 지치고 힘들게 하였지만 자연을 닮은 맑은 눈을 가진 아이들이 서로 이해하고 도와주며 행복하게 지내는 모습을 볼 때, 나를 바라보며 무엇인가를 기대하는 아이들의 눈빛을 볼 때 나는 새롭고 기분 좋은 표정으로 생활해 보자는 생각을 하였다.

이 글의 처음 의도는 A군과 B군, C군 등 아이들의 이야기를 중심으로 수업시간 및 학교에서 지내는 모습을 모두 이야기하고 어떻게 변하는지를 들려주고자 하였으나 개인적인 사생활을 모두 나타내는 것과 부모님의 반응 등이 염려되어 처음 쓴 내용과 달리 많은 부분을 줄이게 되었다. 쉬는 시간에 아이들이 개구리를 잡으러 간 뒤 너무 재미가 있어 수업시간에 들어오지 않은 일, 점심시간에 냇가에 물고기를 잡으러 간 아이들 때문에 모두 찾으러 다닌 일 그리고 많은 사건의 주인공인 B군에 관한 일 등이 많이 삭제되어 사실감이 덜하다는 것이 아쉬움으로 남는다.

2. 청개구리들의 문제해결 방안

우리 반 학생들이 가진 이런 특수한 측면과 생활적인 면, 또한 학습에 관한 흥미보다 자유로운 놀이에 관심이 많은 학생들에 대한 문제, 그리고 상대방의 이야기보다 내 이야기가 중요한 학생들의 자유스러운 분위기 등의 문제를 해결해야 학교가 추구하는 인간상을 심어 줄 수 있으며 이런 인간상을 기르기 위해 실시되는 학교의 활동과 수업에서 이와 관련된 배움이 일어나도록 아이들을 지도한다면 자연을 닮은 아이로 자랄 수 있을 것이라 생각하고 다음과 같은 일을 하였다.

⏻ 특별한 청개구리도 함께하기

　B군의 변화를 위한 해결 방법을 생각해 보다가 B군이 흥분할 때마다 어머님께서 오셔서 데리고 가는 방법은 당시에는 아이들에게 피해가 없겠지만 그것은 상황을 피하는 것 같다는 생각이 들어 그 아이가 반응할 때 그냥 놔두고 멀리서 지켜보는 방법을 써 보기로 했다. 그 일을 반복하다 보면 자신이 하는 행동이 아무 의미가 없다고 느낄 수 있을 때가 있을 것이라는 생각이 전제되었다. 의사가 아니라서 이런 방법이 확실히 옳다는 확신은 없지만 전과는 다른 방법을 쓰고 싶었고 효과도 있었다. 시간이 지나 진정이 되면 대화를 시도하곤 하였는데 몇 달간은 어려움을 겪었으나 차츰 변화가 찾아오는 것을 볼 때면 기쁨도 있었다.

　그 후 B군은 나와 일기를 통해 많은 대화를 하였으며 2학기 겨울이 끝나 갈 무렵 화가 나도 대화로 해결되는 경지에 이르렀으니 많은 변화가 있었고 효과를 보았다고 할 수 있겠다.

　정말로 고마운 일은 B군을 제외한 다른 학생들의 반응이다. 힘들었을 긴 시간을 잘도 견디어 주었으며 그 아이의 행동을 보고 그렇게 하는 것이 좋지 않다는 것을 아는 것 같았고 화를 참는 아이들이 많아지는 등 긍정적인 방향으로 아이들의 생각이 변한 점은 그동안 수곡의 교육활동이 조화롭게 살아가는 아이들로 키웠기 때문인 것 같다.

　또 우리 반 아이들과 학부모님들로부터 한 번도 B군 때문에 학교생활이 힘들다거나 선생님 그 아이에 대한 대책을 잘못하고 계신 것은 아닌지에 대한 상담전화나 내담을 한 번도 받은 적이 없는 것은 참 고마운 일이었다. 학부모 모임에서 내 아이만 자주 봐 달라거나 내 아이가 몇 등인지 보다 내 아이가 바르게 자라려면 반의 모든 아이들이 올바른 인성을 가져야 할 것 같다는 말씀을 하시는 것을 듣고 수곡 학부모님들께서 아이들을 바라보는 인식은 상당한 수준임을 알게 되었다. 나 또한 나의 자녀교육을 어떻게 해야 하는지에 대하여 많이 배우게 되었으며 이렇게 가장 특별한 문제 하나가 풀리기 시작했다.

⏻ 청개구리들의 문제행동해결을 통해 수업을 더 알차게

생활 지도하는 방식은 담임선생님마다 모두 다르고 생각하는 이상적인 학급분위기가 다르기 때문에 방식을 가지고 이렇다 저렇다 말하는 것은 옳지 않다고 생각한다. 이러한 생활 지도를 통해 이루어진 학급분위기는 학생들의 수업과 매우 관계가 깊다. 생활 지도와 수업은 따로 생각할 수 있는 것이 아님을 이런 참여형 수업 공개를 통해 알게 되었다. 우리 반 아이들은 다양하고 자율적인 사고 방식으로 인하여 생활 지도에 많은 어려움이 있는 것이 사실이다. 따라서 이러한 학급인 경우 학생들의 인격을 존중하면서 학생과 담임선생님과의 교감을 얻는 노력을 많이 해야 선생님의 말이 학생들에게 깊이 스며들 수 있는 것 같다.

다리를 떠는 아이에게 주의를 주자 그에게 돌아온 것은 따지듯 되묻는 반항조의 말이었고, 이해시키기 위해 노력한 설명은 어떤 아이에게는 짜증이라는 말로 되돌아왔으니 수업 도중에 힘이 빠지지 않을 수 없었다. 그런 경험을 하면서도 수업의 기초공사라 할 수 있는 학생들과의 친밀한 교감을 쌓기 위해 즐겁고 재미있는 활동과 활발한 움직임이 많은 활동으로 수업을 많이 준비했던 것 같다. 이런 활동으로 아이들과 더욱 친밀해지고 서로 같은 길을 바라보고 같이 노력하는 분위기를 만들 수 있었고 학생들과 긍정적인 상호 간의 관계형성을 하기 위해 노력했다. 이런 관계형성을 위한 노력이 수업 시간마다 수업이 의미 있게 진행되는 데 도움이 됨을 다시금 느꼈다.

⏻ 청개구리들에게 존중과 협력을 일깨워 같이 성장하기

요즘 아이들이 왜 이렇게 억울한 것이 많은지 도대체 지려고 하지 않는 것 같다는 생각을 했다. 불과 몇 년 만에 초등학교의 아이들 성향이 많이

달라진 것을 느낀다. 가정에서는 아이 혼자 부모님과 접촉하게 되므로 아이의 요구가 쉽게 받아들여지고 아이가 원하는 대로 할 수 있도록 부모님이 허락하는 경우가 많으며 부모님과 일대일로 대화하기 때문에 아이의 질문과 요구에 세심하게 관심을 가질 수 있다. 하지만 학교는 그러한 학생들이 20명이 넘는다. 각자 개성을 가진 20여 명이 한 장소에서 친구들과 같이 어울려 지내기 위해서는 집에서 누려 왔던 많은 것들을 양보해야 하고 다른 친구들도 배려해야 하는데 그런 생각을 갖고 있지 못한 상태에서 학교생활을 하려고 하니 친구들과 부딪히고 교사와 갈등하고 이것이 또 학부모와 갈등을 만들어 내는 것 같다. 그러므로 학기 초 학생의 태도 지도에 신경을 쓰는 것도 학급에서 성공하는 수업을 위한 또 다른 노력이 될 것이다. 그리고 가정에서 친구들과 공동체 속에 서로 협력하고 존중하며 지내게 하는 등 학교생활을 준비하는 과정에 부모님들도 관심을 가져야 하는 것 아닐까 생각해 보게 되었고 이 부분에 대한 지도를 위하여 나는 학생들에게 수시로 서로를 이해하고 존중하는 것에 대한 중요성을 교과서에 나오는 협력과 배려의 내용을 통해 강조하지 않았나 싶다.

⏻ 일기쓰기 활동을 통해 선생님과 대화하기

2주가 지난 후 월요일에 일기를 써 보자고 하였다. 우리 학교는 자율적인 측면이 많은 학교여서 학생들이 일기를 써 오지 않았다. 하지만 일기쓰기를 통해서 아이들과 더 많이 대화하고 집이나 학교에서 있었던 일을 한 번쯤 생각해 보는 시간이 있었으면 하는 나의 고집스러운 설득으로 일기쓰기를 시작하였다. 원래 B군의 학교생활을 부모님께 알리기 위하여 일기쓰기를 생각해 내었지만 모든 아이들과의 생각을 볼 수 있는 좋은 기회이기도 하였기 때문이기도 하다.

선생님께 관심을 받고 싶은 마음에서인지 절반 이상의 학생이 일기를 써 왔다. 그 일기들에 답글을 달아 주었는데 B군에게는 그가 화를 낸 이유 등을 적어 일기장 끝에 붙여 B군의 부모님께서 보실 수 있도록 써 보내 주었고 어머님께서 적은 글을 통해 의사 선생님과의 진료 과정 등 상세한 정보를 얻을 수 있었다.

또한 A군은 나와 말을 나누면 내가 화가 나는 경우라고 소개했었다. A군이 일기쓰기에 가장 예민하게 반응하였기 때문에 걱정도 많이 하였는데 일기를 쓴 지 얼마 되지 않아서 점심시간이나 쉬는 시간에 자신의 일기장이 검사되었는지를 살펴보는 등 관심을 갖는 모습을 보았다. 내가 A군이 쓴 일기보다 많은 글을 쓰려고 칭찬할 점을 굳이 찾아 썼던 노력이 헛되지 않음을 알았을 때는 화창한 봄날 출근길에 상쾌한 봄바람을 맞으며 음악을 듣는 것 같은 그런 좋은 기분이 들었다. 그때다 싶어 A군에게 나를 아프게 하는 말들에 대한 글들을 써 가며 짜증이라는 말이 A군의 입에서 줄어 가는 모습에 기쁨을 얻었고 수업시간에 자기 기분대로 하려는 말들이 줄어들자 보람을 느꼈다. 기대보다는 빨리 변하지 않았지만 지금은 나와 A군은 아침에 등교하면 안아 주는 사이다.

일기를 살펴보는데 한 시간 정도를 투자했다. 회의가 없는 시간, 전담

시간 그리고 점심시간 등을 이용하였다. 이 시간 내기가 쉽지 않았지만 아이들과 소통이 매일 이루어지도록 하였다. 차츰 몇 권의 일기장을 가진 아이들이 생겼고 이제 일기를 꼭 써야 되냐고 묻는 아이가 없으며 자기 일기장의 검사가 끝났는지 기다리는 학생들이 있어 보람 있는 시간이 되었다.

이런 일기활동이 중요하다고 여긴 것은 시간은 학생들과의 첫 만남부터 생활하는 모든 순간이 수업 상황과 관련되어 있다고 느꼈기 때문이고, 아이들과 많은 이야기를 하고 싶었기 때문이다.

⏻ 참여형 수업연구를 통해 배운 점

❏ 떠들면서 배우는 청개구리

6학년 선생님의 수업에서 주의 깊게 살펴본 것은 학생들이 조별활동을 어떻게 하고 있는가였다. 그러던 중 협의회 시간에 관찰학생의 책을 보고

E양이 부진하고 집중을 안 한다는 생각을 했었는데 이것은 상당한 오해였다. 관찰학생의 행동은 무척 산만하고 한순간도 제대로 집중해서 듣지 않았으며 의욕도 없는 것 같았는데 떠들면서도 선생님의 이야기에 귀는 집중하고 있었고 움직이면서도 글을 썼으며 친구에게 말을 걸면서도 그 시간에 해야 할 일은 하고 있었다는 것을 알았을 때 꽤 많은 부분에서 나도 단지 떠든다는 이유로 수업 좀 바르게 들으라고 소리친 것이 혹시 실수는 아니었나라는 생각이 들었다. 교사의 입장에서는 소란스럽고 집중을 못 하는 것처럼 보일 수 있으나 귀로는 듣고 열심히 배우려고 노력하고 있는 모습을 보고 우리 반의 소란스러운 그 아이도 이렇겠구나 하는 생각과 앞으로 그런 작은 움직임과 소란보다 배우려고 하는 아이의 숨겨진 내면을 보아야겠다는 생각이 들었다.

❑ 똑똑한 청개구리의 횡포

전담 선생님의 수업에서 주의 깊게 살펴본 것은 학생들이 조별활동을 어떻게 하고 있는가에 관한 부분이었다. 학생들이 각자 조별로 나누어 실험을 하고 실험결과를 작성하는데 관찰한 모둠에서 벌어진 사례는 평소에 수업상황에서 고려하지 않았던 새로움을 알게 해 주었다. 수업이 실시되고 우리 반의 F군은 산만한 반응으로 일관하였다. 드디어 각 조별로 생태계의 평형과 유지라는 종이컵 피라미드 탑 쌓기의 활동이 시작되었는데 조별활동의 주도권은 H군에게 있었다. 이 학생은 평소에 발표도 많이 하고 이해가 빨라 선생님의 칭찬을 많이 받는다. 이 활동에서 우리 반의 F군은 자기의 생각을 발표하려고 하였으나 똑똑한 H군에게 묵살당하게 되고 그 이후 점점 수업과는 거리가 먼 행동을 하였다. H군의 행동은 자기의 능력에 의해서 우리 조가 이렇게 잘하고 있다는 것을 즐기는 듯하였다. 그러나 시간이 지나자 자기 조의 활동이 교사의 의도와 다른 잘못된 방향임을 알게 되자 모든 활동에서 뒤로 물러서 버리고 그 문제를 해결한

이는 결국 의견을 섞고자 했던 F군이었다. 자세하게 관찰하지 않았으면 알지 못했을 그 일을 참여형 수업연구를 통해 알게 되었다. 조별활동이 있는 수업시간에 교사가 조별활동을 효과적으로 잘 이루어지도록 하기 위해 인위적으로 조원을 구성하고 잘할 것 같은 아이를 나누며 리더의 역할도 주어 조별활동의 빠른 결과를 이끌어 내기 위해 조작한다. 하지만 실제로 그 잘해 줄 것 같아서 나누어 넣었던 똑똑한 아이가 다른 학생의 의견을 무시하고 그 활동시간을 자기의 능력을 발휘하는 무대로 삼으며 조원의 생각이 틀리지 않고 다른 것임에도 불구하고 과감하게 내쳐 버리는 무서운 일을 할 수 있음을 알게 되었다. 이제는 조별활동이 있다면 조원들의 이야기를 모두 들어 주고 있는지 확인할 것이고 서로를 존중하는지 그리고 모든 아이들이 협력하는 분위기로 모둠활동이 진행되는지 살펴볼 것이다.

❑ 지는 것이 싫은 청개구리들

1학년 선생님의 수업을 보고 수학교과서의 문제점을 인식하게 되었다. 스토리텔링과 여러 활동을 넣어 개정된 수학교과서에는 게임이 많이 있는데 1학년 선생님께서는 수업을 하실 때 이 게임들이 서로 경쟁하게 하는 점을 조장하는 부작용이 있어 게임 방법만 도입하고 승패가 없는 것으로 바꾸어 지도하겠다는 말씀을 하셨다. 주의 깊게 생각하지 않으면 그냥 넘어갈 수도 있을 내용이었지만 그런 관점으로 수학교과서를 살펴보니 경쟁을 조장하는 게임 설명이 한두 곳이 아니고 단원의 말미의 곳곳에 나와 있음을 알게 되었다.

1학년 선생님의 수업에서는 가위바위보를 통해서 색종이를 접어 가는 게임인데 "내 색종이는 선생님 것보다 더 작습니다." 또는 "더 큽니다."를 발표하도록 하였다. 원래는 친구와 비교해서 더 크면 이긴다는 내용으로 나와 있다. 그러나 게임 방법을 그렇게 수정하였음에도 수업의 진행되는 도중에 색종이를 접어 가던 아이가 "선생님 I양은 이기지도 않았는데 접었어요." 라고 말하였다. 그 순간이 너무 빨리 지나갔기 때문에 정말 그랬는지 알아보려고 "I야, 정말 그랬니?" 하고 물으니 "아니에요." 하면서 울음을 터트렸다. 수업 공개가 끝나고 그 장면으로 돌아가 비디오를 살펴보니 제보가 거짓이었던 것이다. 결국 거짓제보에 의심을 받게 된 I양은 억울해서 울음을 터트린 것이다. 그 아이는 선생님께 자기가 보지 않았던 일을 제보하였으며 제보를 통해서 무엇을 얻고자 하였을까라는 생각이 들었고 선생님의 이야기를 통해 둘 사이가 경쟁관계에 있었음을 확인할 때 수학교과서에 나오는 게임이 아이들에게 흥미를 유발할 수는 있지만 경쟁을 통해 상처를 줄 수도 있다는 생각과 이 부분을 협력으로 바꾸어야겠다는 생각을 했다.

☐ 배움이 싫은 청개구리 끌어들이기

5학년 선생님의 수업에서는 학생들 중에 가끔 동기부여가 되지 않는 친구들을 학습으로 유인했던 방법에 대한 고민이 머릿속에 남는다. 지난 시절 부진아 지도를 위해 남으라고 하고 늦게까지 지도하면 아이들이 발전하는 모습을 보면서 그런 노력이 헛되지 않았음을 알고 기쁨도 누리는 경우도 있었다. 그러나 요즘은 나머지 공부가 싫어서 도망을 치고 혼자 남아 공부하는 것이 죄를 지은 것처럼 인식되어 바람직하게 생각되지 않지만 한편으로 그가 다니는 학년 수준에서 너무 큰 차이를 보일 때 걱정이 될 수밖에 없다.

따라서 그런 학생이 있을 때 이 학생을 수업으로 이끌기 위한 노력이 있어야 하는데 이를 위해서 가장 필요한 것이 바로 교과연구시간인 것 같다. 많은 다른 일들로 인해서 교과연구시간이 부족하여 이런 학생을 수업으로 유인하는 노력이 사라지곤 한다. 교사는 다음 날 가르칠 것은 무엇이고 그 내용을 이렇게 구성해야 할지를 고민해야 한다. 학습능력이 조금 부족한 친구는 흥미 위주로 유인하고 더 잘하는 아이는 복습과 관련된 활동으로 유인하는 등 학급상황에 맞는 수업을 설계하는 노력이 필요하다. 이렇게 학습에 대한 흥미와 동기부여가 되지 않는 아이를 위해서 흥밋거리를 넣고 더 재미있는 진행을 위해서 의도적으로 교사의 센스 있는 칭찬 같은 것을 더하여 그가 수업의 중심에 있음을 느끼게 하는 등의 여러 가지 양념을 섞는 노력을 할 시간이 필요한 것 같다.

3. 우리 청개구리들의 수업

드디어 수업을 공개한다.

한 달에 한 번이나 두 번 정도 참여형 수업을 공개하고 드디어 7월에 우리 반의 수업 공개시간이 다가왔다. 편한 분위기에서 실시되고 학생 중심 관찰이라는 특성 때문에 평소에 실시되는 것처럼 특별한 준비 없이 공개하기로 하여 평소 수업상황이 그대로 반영될 것이다.

우리 반은 꾸준한 생활 지도 및 일기장 대화를 통해서 수업의 준비를 위한 기초공사를 진행하고 있다. 따라서 바른 태도로 수업에 참여하는 자세가 완전하지 못하며 학생들 중에는 서로에게 가시가 되는 말을 하는 아이가 여전히 남아 있기도 하다. 하지만 서로의 배려하고 협력하는 일이 필요한 학교의 다양한 체험활동을 통해 서로 많은 추억을 같이했고 일기장 대화를 통해 많은 일들을 이야기했으며 참여형 수업을 통해 배운 것을 우리 학급에 많이 투입하려고 하였으니 아이들도 점차 긍정적인 방향으로 변했을 것이라 기대하였다.

⏻ 첫 번째 수업: 연필심으로 7mm 만든 청개구리

　나의 수업의도 중 가장 중요한 것은 '나의 수업 방식은 추출 학생들에게 부진이 일어나도록 하는가?'에 관점을 두는 것이었으며, 수학수업을 시작하였다.

　칠판에 3개의 그림을 그리고 1cm만 표시된 자로 잴 수 있는가? 로 시작된 수업은 어느덧 수업의 세 번째 활동에 도착하고 있었다. 이 활동은 주위에서 7mm가 될 만한 것을 찾아보도록 하는 것이다. 그리고 책상 위에 놓여 있는 것 중에 있다는 힌트를 주었다. 수업을 준비하면서 7mm쯤 되는 것을 알아보다가 수학익힘책의 두께와 수학책의 두께 그리고 지우개의 두께, 연필의 두께를 쉽게 찾았기에 아이들도 이 힌트에서 찾을 수 있을 줄 알았다. 그런데 여기서 도로가 끊긴 듯 멍한 표정으로 나를 보는 아이들은 모처럼 오신 손님들 앞이라 못 찾겠다는 말은 못하고 여기저기서 필통을 뒤지고 고민하는 반응을 보인 것이다. 이때 한 아이가 책상 위에 놓여 있는 것에서 쉽게 찾을 수 있다고 하니 지우개를 문지르면서 찾고 있었다. 지우개를 열심히 문지르더니 똑똑 잘라서 7mm만큼을 재더니 뚝 떼어 내고는 찾았다며 미소를 지었다. 더 쉽게 수학익힘책 두께를 보면 되는데 하며 아쉬워하고 있을 때 이제 여기저기서 7mm쯤 되는 것들을 적어 나가고 있었다. 원하는 만큼의 시간이 되자 아이들은 활동을 중지하고 7mm쯤 되는 것을 발표했다. 우리의 추출 학생 C군의 뒤에 앉은 아이부터 발표를 시작했다. 드디어 C군의 차례가 되자 C군이 못 찾았다고 발표를 하고 앉았다. 평소 C군의 모습을 통해 찾으려는 노력이 부족했을 것 같다는 짐작만 하고 다른 아이들의 발표로 넘어가 지우개 가루, 연필의 두께 등 원하는 답을 들을 수 있었다.

그렇게 수업이 끝나고 교수님이 관찰한 학생인 C군에 대하여 말씀하셨다. 나의 말이 끝나고 C군은 7mm가 되는 것을 찾다가 책상 위에 놓여 있는 것 중에 있다는 힌트를 듣고 연필심을 유심히 보았다고 한다. 그리고 그 연필심의 길이를 자로 재더니 7mm가 넘자 이것을 똑 떼어서 수학책에 갈기 시작하였다고 한다. 그렇게 연필심을 갈아 가면서 7mm를 열심히 만들 즈음, 수학책은 너무 문지른 연필심에 찢어졌고 C군이 하고 있는 행동은 주위에서 보았을 때 또 무슨 장난을 하고 있나 하는 엉뚱한 모습 이었다고 한다. 그렇게 열심히 7mm를 만들어 갈 무렵 선생님께서 이제 찾은 것을 발표해 보는 순서에서 C군의 차례가 되었을 때 연필심을 거의 7mm에 가깝게 만들었기에 연필심이라고 발표할 줄 알았는데 못 찾았다고 발표했다고 한다. 그렇게 열심히 만들었는데 7mm가 조금 넘어서 발표를 못한 것 같다고 하신 교수님의 말씀을 듣고 7mm가 정확하게 되지 않아 못 찾았다고 말한 C군의 정직하고 순수한 마음이 날 오히려 반성하게 하였다.

수업 중에 시커멓게 변하기도 하고 찢어지기도 한 수학책을 보며 손님들도 오셨는데 그런 장난하지 말라고 서릿발처럼 매서운 눈으로 신호를 보냈던 나의 행동이 상처가 되지는 않았을까 하는 미안함이 마음이 그날 내내 가시질 않았다.

　다음 날 일기장에서 C군에게 7mm를 찾기 위한 노력에 책이 찢어지고 손이 시커멓게 변했고 고생만 했다고 느꼈을지라도 C군이 아주 열심히 수업에 참여해 줘서 정말 고맙다고 말하여 주었다. 평소 수업에서는 이러한 행동을 미리 짐작하지 못하고 지나갈 수 있었는데 이런 참여형 수업 공개 활동을 통해서 C군의 7mm를 찾기 위한 아름다운 노력을 알게 되었다. 그리고 조금만 더 기다려 주었다면 C군은 아마 가장 7mm에 알맞은 길이로 만들어진 연필심을 들고 7mm가 되는 물건을 찾았다고 자신 있게 말했을 것이다. 기다림이 부족했음을 마음 아파했다.

　교장 선생님께서 관찰한 A군은 그 세 번째 활동에서 발표를 시키지 않았다. 수업을 처음부터 다시 살펴보는 과정에서 A군의 행동을 자세히 봐

달라는 교장 선생님 말씀에 7mm쯤 되는 것을 찾을 때 나의 힌트를 듣고 수학책의 두께를 쉽게 찾았다고 한다. 그 기쁜 마음에 손을 들고 자기를 봐 달라며 흔들고는 선생님을 향해 시켜 달라 일어서기도 했건만 나는 야속하게도 평소에 발표를 잘해 왔던 그리고 정답을 잘 발표했던 아이에게로 시선을 돌리며 그 아이를 발표시켰고 그 아이는 A군의 예상처럼 수학책의 두께를 말해 버렸다. 이런 공개수업 상황에서 A군에게도 발표할 기회를 주어 더 잘 할 수 있는 동기부여를 해 주었다면 앞으로 더 많은 발전을 기대할 수 있겠다는 교장 선생님의 말씀에 아쉬움도 느꼈다.

　C군과 A군의 평소 행동만을 보고 이럴 것이다 짐작한 교사의 행동이 아이에게 실망감을 주고 좌절하게 하는 결과를 가져오지 않도록 항상 주의 깊게 생각해야 한다는 것을 배울 수 있었다. 그 아이들이 부진할 것이라는 편견을 가지고 너무 성급하게 판단하지 말고 그 아이들을 위해 기다려 주고 이야기를 들어 줄 수 있는 준비를 해야겠다. 우리 아이들이 조금은 자유스럽고 흥미를 추구하려는 경향이 있기는 하지만 나 자신이 여러 사람들에게 수업을 공개한다고 실제보다 조금 노력을 들여 한 시간을 준비해 보니 선생님의 준비와 노력이 헛되지 않게 학생들 모두가 열심히 수업에 참여해 주었고, 멋지게 7mm를 만들어 낸 C군의 변화라는 좋은 결과도 얻을 수 있었다. 이 일로 선생님은 아이들의 수업을 위해 준비하는 시간이 많아야 한다는 생각을 더 강하게 하였고 그렇게 하기 위해서 앞으로도 많은 부분에서 학교가 가장 많은 시간과 노력을 들여야 하는 것이 어떤 것인지 알 수 있었다.

⏻ 두 번째 수업: 자연을 닮은 청개구리들

　그렇게 한 번의 수업 공개를 마치고 두 번째 실시하는 우리 반의 수업관찰 중점은 모둠활동에서 학생들의 협력과 배려가 얼마나 길러졌는지 알아보는 것으로 정했다. 여러 선생님들께서 공개한 수업을 통해 모둠활동에서의 수업주도권을 가지는 학생들과 조원들의 협력활동에 관심을 가지고 살펴보았기 때문이고 그동안 학교에서 실시한 체험활동 및 다양한 활동을 통해 기르고자 하였던 인간상인 자연을 닮은 아이들, 즉 협력과 배려를 통해 우리 반 아이들도 조화롭게 성장하였는지를 수업 공개를 통해 자세하게 관찰하여 더 관심과 노력을 기울여야 할 부분을 알고 싶었기 때문이다. 이러한 활동이 가능하도록 하기 위하여 수업활동의 구성도 속담 상황극을 만들어 발표하는 활동을 하게 하였다.

　학생들이 잘 할 수 있을까 하는 불안함도 있지만 1학기 수업 공개 때 보다는 나만 생각하는 마음을 버리고 배려하고 협력하는 마음들이 길러졌을 것이라는 생각과 상대방을 존중해 주겠지 하는 약간의 기대감도 가졌다.

수업이 시작되고 처음 질문이 느낌표에 방송된 하은이의 일기를 보고 속담을 맞히는 활동을 하였는데 하은이의 일기에 나타난 예문을 보고 쉽게 찾지 못했다. 순간 뭔가 잘못되어 가고 있다는 생각이 들었고 아이들이 속담을 많이 알고 있을 것이라고 예상한 나의 성급한 판단 때문에 이 수업이 어렵게 진행되고 있음을 느꼈다. 결국 속담의 의미와 특징을 아는데만 20분이 넘었으며 다음 활동에 나오는 속담의 숨은 뜻과 상황을 찾는 활동을 끝마치자 이미 40분이란 예정된 시간이 다 지나가 버렸다. 동기유발부터 어긋난 수업은 이렇게 60분을 진행하고서야 끝이 났다. 화장실 가는 것도 참으며 잘 따라와 준 아이들 그리고 학부모님들 그리고 조별활동에서 일어나는 우리 아이들의 협력과 배려 그리고 존중의 모습을 자세하게 관찰해 주기 위해 기다리신 선생님들께 죄송스러운 마음이 있었다.

협의회 시간에 수업자 소감을 자기반성으로 이야기하면서 시작이 매우 길었다. 이어진 활동들이 왜 길어졌는지, 또 교과서의 문제점은 무엇이었는지 등 많은 것을 이야기하였다. 교수님께서는 사전수업준비와 학생의 학습수준 확인이 왜 필요한지를 알 수 있는 예라고 하시며 교사는 학생들이 이해하지 못할 것으로 예상되는 자료가 교과서에 있다면 이를 자연스럽게 이해시킬 수 있는 대체자료를 준비하여야 하며 이를 위해서 사전에 교재를 연구하고 이러한 대체자료를 투입할 수 있는 노력이 필요하다고 말씀하였다. 앞으로의 교과서를 바라보는 시각도 교사가 자료를 많이 준비하는 쪽으로 변하고 있음도 말해 주셨고 수업시간의 목표나 성취기준 도달을 위한 여러 가지 방법을 교사가 가르치는 반의 학생들과 관련이 많은 것으로 준비하는 노력을 해야 한다고 하셨다.

예습이나 학원수업을 받지 않은 학생이 '세 살 적 버릇이 여든까지 간다.'라는 속담만을 보고 속담의 특징이 무엇인지를 발표할 수 있는 아이가 몇 명이나 될까 하는 물음에서 동기유발을 했어야 하지 않을까 생각했다. 다음엔 학생 수준의 판단을 짐작하지 말고 꼭 확인하고 직접 알아봐야 할 일이며 아이들의 입장에서 이해 가능한 발문들의 순서를 엮어 놓는 사전 준비가 많이 필요함을 느끼게 된 수업이었다.

　수업관찰의 중점이었던 모둠활동에 대한 이야기가 진행되면서 관심을 가지고 들어 보았는데 모둠활동은 한 모둠을 제외하고 대체로 무난하게 진행되었고 모둠 아이들이 B군에게도 역할을 주었으며 활발하게 발표하게 하는 등 서로 협력하며 배려하고 있었다. 안타깝게도 A군이 수업에 참여할 수 없게 되어 A군이 모둠활동을 했을 때의 반응을 확인해 보지 못한 점이 가장 아쉽다.

　그 한 모둠의 상황을 살펴보면 우리 반 K군은 독서량이 많고 다방면에서 능력을 발휘하며 선생님의 말뜻을 잘 이해하는 편이다. 그는 영어로 일기를 한 쪽씩 매일 쓰고 있으며 어휘 이해수준은 이미 고학년이다. K군이 속한 조의 조원은 J군 등인데 J군은 평소 수업상황이 활발하고 활동적으로 진행이 되면 과민반응을 많이 한다. '간다' 라는 말을 뜬금없이 하고 '똥' 이야기를 많이 한다. 그런데 K군이 속한 조의 발표 주도를 J군이 하였다는 것이다. J군이 발표하기로 한 속담은 '불난 집에 부채질한다.'인데 여기에 알맞은 상황극 대사로 "불이야! 불이야!" 하는 대사와 "에잇, 부채질하자."라는 대사 그리고 "아이고, 집이 다 타 버렸네."라는 대사다. 다른 조들은 속담의 말을 풀이해서 대사를 넣지 않고 상황에 속담이 숨겨 있도록 짜서 발표했는데 이 모둠만 속담의 낱말을 설명하는 상황극을 하게 된 것이다. 그런데 그 과정에서 주도를 한 학생이 K군이 아니라 J군이었다는 것이다. 평소의 모습으로는 K군은 어떻게 속담 상황극으로 표현해야 할지 알았을 것이고 분명 J군이 제시한 대사가 잘못된 것을 알았을 것인데 J군의 의견대로 발표한 상황이 궁금해졌다. 수업시간 순시 도중 K군을 보았다. 나를 보며 이것 아닌데 '도와주세요.' 하는 표정으로 나를 보았는데 시간이 훨씬 넘어간 상황에서 나에겐 여유가 없었다. 이제 보니 K군은 이런 상황극 구성이 잘못되었음을 알고 있었나 보다. 그러나 K군은 나의 도움이 없자 J군의 결정을 따랐고 잘못 쓴 글자도 고쳐서 대사도 넣어 주었다. 그리고 같이 나가 발표까지 하고 들어왔고 끝에 웃음도 보여 주었다. 그런 K군의 모습에서 잘못하고 부족하고 이해가 늦는 학생이더라도 조별 활동의 대화를 통해 그의 의견을 존중하고 상호협력을 하면서 아이들이 배웠을 그 무언가를 생각하니 약간의 미소가 번졌다.

4. 청개구리들을 통해 배우다

참여형 수업연구 공개를 14회 실시하고 아이들의 눈으로 수업을 관찰하고 협의하여 다음과 같은 내용을 알고 배울 수 있었다.

수업은 아이들과 함께 만들어 가는 것이다. 수업 그 자체는 한 시간이지만 학교생활 전체 한 학년 전체를 통해 선생님과 아이들 그리고 아이들과 아이들 사이의 한 해 동안 이루어지는 모든 학교생활의 복합체가 바로 수업이 아닌가라는 생각을 하고 있으며 이를 위하여 학교나 교사가 많은 노력을 기울여야 한다는 점을 알게 되었다.

또한 수업과 생활 지도 그리고 선생님과의 유대 및 친밀감의 관계가 신뢰로 이어져 있을 때가 그렇지 않을 때보다 성공하는 수업을 이끌 가능성이 많고 이를 위한 노력들도 이루어져야 한다는 것을 알게 되었다.

수업은 학생 개개인이 각기 다른 특성을 가진 인격체들 여러 명을 데리고 하는 것이므로 학생들 개개인의 특성과 상황 그리고 수준을 잘 고려하여 투입할 활동들을 기술적이고 계획적으로 조직하여 모두가 흥미를 가지고 참여할 수 있도록 유도하는 노력을 수업자가 할 수 있어야 하고 학교에서는 이를 준비하기 위한 충분한 시간을 제공할 수 있도록 해 주어야 한다는 것이다.

그 많은 일들이 지난 지금은 청개구리 같던 아이들이었지만 그 내면을 보려고 노력하지 않았던 수업시간의 나의 모습을 변하게 하였고 그렇게 행동하는 이유를 알고 나니 아이들 모두를 이해할 수 있었으며 이제는 아이들이 한없이 예쁘고 착하게만 보인다. 수곡의 아이들이 내년에는 더 행복하고 즐거운 학교생활을 할 수 있기를 기대한다.

제**8**장

학생과 내가 함께
성장하는 수업연구

❖ 양미혜

제**8**장

학생과 내가 함께 성장하는 수업연구

✤ 양미혜

1. 수곡초 생활과 참여형 수업연구의 시작

수곡초등학교 3년 차 교사로서 혁신학교를 경험하면서 나름대로 많은 것을 배우고 느낀 소중한 시간이었다. 벌써 3년 차인 이 시점에서 수곡초등학교에서 있었던 경험을 여러 선생님과 공유하고자 이 글을 시작한다.

수곡초등학교 1년 차는 학교 구성원 간에 민주적인 의사소통과 학교문화를 형성해 가는 시기였다. 혁신학교에 대해 낯설었던 것과 모르는 것들을 혁신학교 책을 찾아 읽고, 선생님들과 독서토론을 하며 의견을 나누고 철학을 공유해 나가는 시기였다. 그래서 나름대로 수곡초등학교의 학교문화가 자리 잡게 되었고, 공유된 철학을 바탕으로 교육과정을 내실 있게 운영하게 되었다. 선생님들의 민주적인 회의문화와 학생들에 대한 공감과 이해 등은 수곡초등학교에서 배운 중요한 경험이었다. 이와 더불어 학생에 대한 고민을 많이 하였고, 보다 체계적으로 학생들을 지도하기 위해 TET(교사역할훈련)연수를 받아서 문제상황에 있어 교사가 어떻게 행동하면 더 도움이 될지 훈련해 보는 연수를 받게 되었다. 또 에니어그램 (enneagram) 연수를 통해서 학교 구성원들의 성격유형을 알아보았고, 어떤 성격이 좋다 나쁘다가 아닌 본인 그 자체의 성격을 이해할 수 있는 기회를 경험하였다.

수곡 2년 차에는 교육철학에 대한 공유를 밑바탕으로 수업에 대해 연구해 보는 시기였다. 이를 위해 우선 월별로 본인이 가르쳐야 할 내용을 한 달 전에 미리 훑어 보고 계획해 보는 작업을 하였다. 그래서 준비물이나 사전과제 등을 미리 공지할 수 있었고, 교사 본인도 사전에 수업에 대해 알아보는 기회가 되었다. 이와 더불어 수업을 열기가 어렵다는 개개인들의 부담감을 조금이나마 줄이기 위해 수업을 가볍게 열기 시작했다. 물론 다른 학교도 수업 공개를 연 2회 이상 실시하고 있었던 시기였으므로 수곡초등학교도 개인별 연 2회 이상 수업을 공개하였다. 다만 수업 지도안은 간단히 쓰게 하였고 수업 후 협의회도 간단히 실시하였다. 특히 2012년도에는 수업에 대한 전문가 컨설팅을 받고자 담당 선생님께서 노력하였으나 외부업체와의 계약에 문제가 있어 전문가의 컨설팅은 받지 못하고, 교내에서 수업에 대한 논의로 이루어졌다.

학생에 대한 이해를 좀 더 하기 위해 연우심리연구소에서 기초, 보수, 중급 교육을 받았고 교사들의 학습심리검사를 통해 교사들에 대한 이해를 할 수 있었고, 학생들에 대해 깊은 이해를 위한 준비시간을 가졌다.

혁신학교 3년 차 2011년, 2012년의 혁신학교 독서토론 및 배움의 공동체 연수 등을 통해 기본적인 혁신학교에 대한 이해와 철학을 바탕으로 이제는 본격적인 수업 공개를 실시하게 되었다. 1기 혁신학교로서의 자존심과 더불어 책임감으로 수업을 열어야 한다는 생각은 이제 모두 공감하게 된 것이다. 하지만 수업을 열었을 때 교사에게 부담감이 많이 있었으므로 이를 좀 더 줄이는 수업연구 방법인 참여형 수업연구를 통해 전 교사가 수업을 열게 되었다. 전주교육대학교 천호성 교수님과 1년에 개인별 2번의 수업 공개를 하였는데, 참여형 수업연구 방식은 교사에 대한 이야기보다는 학생에 대한 이야기를 주로 나누면서 교사 스스로 자신의 개선할 점을 찾아낼 수 있는 수업연구 방식이었다. 이 수업연구 방식은 본교 교장 선생님께서 이미 경험해 보셨고, 이러한 수업연구 방식의 도입을 위해 2012년 가을부터 이미 경험한 다른 선생님들의 강의가 있었고, 2013년 2월에 교수님과 사전 미팅을 통해 참여형 수업연구에 대해 이해하는 시간을 가졌다.

이러한 준비 아래 2013학년도에 전 교사 14회의 수업 공개를 실시하였고, 본인의 2회 수업 공개를 중심으로 참여형 수업연구에 대해 이야기해 보고자 한다.

2. 수업 전 협의

2013학년도 6학년 담임교사로서 작년에 이어 같은 아이들을 담임하였다. 그래서 다른 선생님들보다 아이들과 익숙한 관계였고 신뢰가 맺어진 입장이었다. 때문에 4월 수업 공개 첫 스타트를 끊게 되었고, 이를 위해 수업에 대한 고민을 하게 되었다. 먼저 수업을 할 과목을 선택하는 것이 급선무였다. 몇 년 전 수업 공개를 할 기회가 있었는데, 정읍교육청에서는 수업명장제를 운영하였다. 이 시기에 연구한 수업과목이 사회였기 때문에 접근하기 쉬운 사회교과를 선택해서 공개하기로 하였다. 6학년 사회교과는 정치, 경제 등의 내용이 주요 학습내용인데, 4월 진도에 맞추어 수업주제를 찾아보았다. '자유와 경쟁'에 대한 주제로 자유의 이로운 점, 경쟁의 이로운 점 등을 알아보는 활동을 계획하였다. 수업안을 작성하고 나서 수업안에 대한 협의회 시간을 가졌는데, 처음 해 보는 참여형 수업연구라서 일단 수업참관 형태에 대한 논의를 주로 하였다.

첫째, 추출 학생에 대해 논의를 하였다. 추출 학생은 누구로 정했고, 왜

정했는지를 선생님들과 이야기하고 그 학생을 누가 관찰할 것인가를 논의하였다.

둘째, 좌석표를 보고 학생에 대한 안내를 하였다. 우리 반 학생들에 대해 개인별 정보를 간단히 말씀드렸다.

셋째, 당일 역할분담에 대해 이야기를 하였다. 수업관찰을 할 때 붙임쪽지에 시간대별로 학생의 행동 또는 교사의 행동 등을 기록하여, 수업 후에 기록한 사실만을 이야기하기로 하였다. 주의할 점은 이때 교사 개인의 생각을 말하지 않고 사실에 대해서만 말하기로 하였다.

넷째, 본 수업 시 학습활동에 대해 논의하였다. 처음 계획에서는 학생들이 모둠별로 경쟁의 종류를 ppt로 한 가지씩 만들어 발표하는 활동이었다. 하지만 완성된 ppt를 발표하는 것은 본 수업에서 학생들의 사고 과정을 보기 어렵기 때문에 본 수업 안에서 이런 활동을 넣는 것이 좋다고 하여 활동 2의 내용을 학생들이 과제로 조사해 온 내용을 바탕으로 본 수업시간에 정리해서 2절지에 기록하여 발표해 보도록 하였다.

참여형 수업연구 방식으로 수업 공개를 준비하다 보니 약간의 고민이 생겼다. 과거의 수업 공개 방식으로 수업계획을 하자니 너무 많이 준비하는 것 같아 쑥스럽고, 자료 등을 준비하지 않자니 너무 평범한 것 같다는 생각이 들었다. 하지만 참여형 수업연구의 취지가 평소의 수업내용을 그대로 보여 주고, 그 가운데서 논의를 하여 개선점을 찾아보자는 것이었기 때문에 자료 준비 면에서 일거리를 덜어 내기로 하였다. 수업을 참관하시는 선생님도 그 점을 서로 공유하였기 때문에 수업자만 부담을 덜 갖고 준비하면 된다고 생각하기로 하고 수업을 계획하였다.

처음 공개하는 순서라 동료 교사들이 참여형 수업연구에 대해 익숙치 않아서 이번 수업에서는 수업안을 깊게 고민하기보다는 수업참관 방식에 대한 논의가 좀 더 많았던 것 같다.

3. 수업의도와 추출 학생의 선정

첫 수업 공개에서 수업자의 의도나, 추출 학생 등에 대한 고민도 해 보았는데 우선 수업자의 의도는 이렇게 잡아 보았다.

❑ 수업자 의도

오늘 수업은 사회과 2단원 자유와 경쟁의 이점을 알아보는 3차시 수업이다. 전 차시에서 우리 주변의 여러 가지 생활모습을 살펴보고 우리 경제가 갖는 특징을 알아보게 한 뒤, 이번 차시에서는 우리 경제의 특징인 자유와 경쟁이 어떤 이로움을 주는지 알아보는 학습을 하게 된다. 그리고 다음 활동에서는 경제적 자유를 잘못 누렸을 때 사회적 피해가 발생한다는 내용을 알아보게 된다. 이런 일련의 활동들을 통해 학생들이 단원 학습목표 '우리 경제가 어떤 특징을 가지고 있는지 알 수 있다'에 접근하도록 하려고 한다.

수업준비를 하면서 본 수업자는 다음과 같은 두 가지를 고민하였다. 첫 번째, 계획된 학습목표를 학생들이 성취하는 과정 속에서 어떻게 하면 즐겁게 배움이 일어날 수 있을까를 고민하였다. 두 번째는 수업에서 소외되는 학생들이 함께 공부할 수 있는 방법이 없을지 고민하였다.

학습에 끌어들이기 위한 발문

학생들이 관심을 가질 만한 연예인 등의 모습을 보고 직업을 자유롭게 선택하는 것의 이로운 점을 알아보는 데 있어 효과적인 발문으로 학생들이 생각을 할 수 있도록 유도하고자 한다. 또한 답이 정해져 있는 것이 아니라 다양하게 생각을 해 볼 수 있도록 기회를 주어서 자유와 경쟁이 주는 이로운 점을 찾아보도록 한다.

학습에 끌어들이기 위한 모둠협력

활동 3(경쟁의 유형과 이점 발표하기)에서는 모둠협력학습이 필요한 과제를 제시한다. 경쟁의 유형을 한 가지 정하여 유형에 대한 설명과 이점을 알아보고 각 모둠별로 발표하도록 한다. 이 과정에서 교사의 직접적인 도움뿐만 아니라 학생 간의 상호작용 기회를 제공하여, 서로가 조력자가 될 수 있도록 한다. 특히나 수업 참여에 어려움이 많은 '잘 풀리는 모둠'의 A군 모둠원의 도움을 통해 함께 과제를 완성하여, 학습목표 성취 여부와 관계없이 이번만큼은 수업에서 소외되는 일이 없도록 지도를 하려고 한다.

다음으로 추출 학생에 대한 고민이 있었는데, 작년부터 담임을 맡았던 학생들이라 항상 A군에 대한 고민이 있었고 부모님과 얼마 전에도 전화 상담을 했었던 터라 A군을 추출 학생으로 선정하였다.

❑ 추출 학생 선정 및 동기

추출 학생: A

이 학생은 정상적인 수업에 참여할 수 없을 정도로 기초학습능력이 매우 부족한 학생이다. 간단한 글쓰기 활동에도 어려움을 느끼며, 기초수학능력(간단한 연산) 또한 부족하여 수학시간에는 거의 방치상태다. 이러한 기초학습능력의 부족으로 인한 수업참여의 어려움 외에도, A군은 현재의 수업장면이 어떤 활동을 요구하는지, 상황인지 및 문제인식 능력이 뒤떨어져 기타 수업에 참여하는 데 어려움이 많다. 그리고 수업에 끌어들이는 데 교사부터가 곤란한 경우가 많아 거의 손을 놓고 있다시피 한다. 수업시간에 짝의 책을 보고 베껴 쓰기를 하며 자신의 생각을 쓰거나 스스로 해결하는 문제는 해결하지 못한다.

지난 몇 년간 방과 후 시간에 보충학습 지도를 받았으나 학습에 대한 흥미 부족, 지난 학습에 대한 결손, 학습의 의지 부족 등으로 전혀 개선이 되지 않고 있다.

학부모 상담이 필요하여 어머니와 통화를 두세 번 하였으나 작년에는 어머니께서 문제를 심각하게 받아들이지 않고 있었고, 상담에 적극적이지 않아 학생의 상태만 말해 주고 별 성과 없이 상담이 끝났다. 올해 초 학부모 상담을 하러 오지 않아 담임교사가 직접 학생상담을 위해 전화를 걸어 이야기를 나누고자 하였을 당시 어머니께서 2월 방학 중에 학생이 다니는 공부방 선생님을 통해서 학생의 상태를 조금 심각하다고 받아들이고 있었다. 평가지의 문제를 거의 풀지 못하고, 지문을 읽지 않으며 문제를 이해하지 못하고 있었다고 한다. 작년에도 이러한 이야기를 하였으나 어머니께서는 이전까지 학교에서 말을 해 주지 않아서 몰랐다고 한다. 맞벌이 가정으로 학생에 대한 학습 지도가 잘 이루어지지 못한다는 점은 이해하지만 자녀에 대한 이해가 부족한 것으로 판단되어 어머니께 말씀드렸더니 어머니께서는 자기 나름대로 많은 노력을 하고 있다고 하신다. 어머니의 노력은 학습지 학습을 시키는 정도인데 학습지도 작년의 경우 다른 친구가 풀어 준다든지 성실히 하지는 않는 것처럼 보였다. 또한 어머니 말씀은 집에서는 자기랑 문제를 풀면 문제를 해결할 수 있다고 하는데 문제를 이해하는 것도 안 되는데 어떻게 해결하는지 참 궁금하다.

지난 3월에 A군에게 2학년 평가지를 풀게 하였으나 국어, 수학 모두 30점 정도를 맞아서 기초학습을 지도하는 게 좀 더 나은 방법이라 생각하였지만 어머니께서는 수업시간에 따로 공부를 하는 방법을 싫어하셔서 A군에게 필요한 방법이 더욱 어렵게 느껴졌다.

수업은 담임교사의 교수계획(학습목표)과 학생실태에 맞는 수업의 방법이 필요하다고 본다. 그리고 교수계획과 방법의 대상은 한 아이를 초점에 두고 준비될 수는 없다. 학생들의 일반적인 수준을 기준으로 목표를 설정하고, 수업 방법에 있어서도 보다 많은 학생이 수행할 수 있는 교수 방법으로 수업을 하게 된다. 그렇게 하다 보니 A군과 같이 학습능력이 뒤떨어지는 학생들은 배움에서 멀어질 때가 많다. 이런 문제를 해결하기에는 교사 혼자만으로는 한계가 있다고 생각한다. 이러한 교수 · 학습의 어려움을 극복하기 위해 이번 수업에서는 또래 친구들의 도움을 얻어 보려고 한다. 모둠으로 조직된 좌석배치와 학습 방법을 도입하여 A군이 학습에 참여할 수 있는 여건을 마련하고, 주위 친구들로부터 도움을 받는다면, 교사 혼자만으로 해결하기 힘든 어려운 점을 보완할 수 있지 않을까 기대한다. 하지만 너무 친구들에게 의지하는 모습이 보여 이 점을 차단할 때도 있는데 어느 것이 좋을지 모르겠다.

본 차시 수업안을 잠깐 소개해 보자면, 특별히 참신한 아이디어가 있는 건 아니지만 교사가 부담스럽지 않게 준비 가능한 선에서 자연스럽게 할 수 있는 선에서 계획해 보았다.

사회과 교수 · 학습 과정안

- 단원: 2. 우리 경제의 성장과 과제 (1) 우리 경제의 특징
  - 차시: 3/17차시(54−57쪽/사탐40−41쪽)
  - 학습주제: 자유와 경쟁의 이점
  - 지도 대상: 수곡초등학교 6학년 15명(남 11명, 여 4명)
  - 지도교사: 양미혜

- 지도일시: 2013. 4. 25. (목) 6교시

- 교수 · 학습활동

단계	주요 학습내용	교수 · 학습활동	시간	비고
도입	동기유발	■ 동기유발 − 베짱이나라와 개미나라 이야기 듣기 − 두 나라 중 어느 나라 국민이 더 열심히 일을 하려는지 알아보기	5′ (5′)	★ppt
	학습문제 확인	자유와 경쟁의 이로움을 알아보자	1′ (6′)	
전개	학습활동 안내	■ 학습활동 안내하기 (활동 1) 자유의 이점 알아보기 (활동 2) 경쟁의 이점 알아보기	1′ (7′)	
	학습활동 1	■ 자유의 이점 알아보기 − 베짱이나라의 상황 알아보기 − 개미나라의 상황 알아보기 − 베짱이나라와 같은 사례 상상해 보기 − 경제생활에서 자유가 주는 이점 알아보기	15′ (22′)	★ppt ★공책
	학습활동 2	■ 경쟁의 이점 알아보기 − 상점이나 기업이 경쟁을 하는 이유 알아보기 − 모둠별로 경쟁의 유형과 이점 발표하기 − 발표를 들으면서 공책 정리 및 질문하기	15′ (37′)	★모둠별 발표자료 ★공책에 기록 시 짝과 함께 맞는지 확인

| 정리 | 정리하기 | ■ 자유와 경쟁의 이점 말해 보기
　– 공부한 내용을 공책에 정리하기
　– 자유의 이점은 개인이 자신의 능력을
　　최대한 발휘할 수 있도록 해 준다.
　– 경쟁의 이점은 우리 상품의 경쟁력을
　　높여 경제 발전에 도움을 준다.

■ 다음 차시 안내
　– 경제생활에서 정부가 하는 일을 알아
　　보도록 한다. | 3′
(40′) | |

■ 수행평가계획(교사 관찰평가 및 자기평가)

평가관점	평가시기	평가 방법
우리 경제의 특징인 자유와 경쟁이 어떤 이로움을 주는지 설명할 수 있다.	활동 중	관찰평가

4. 속기록으로 보는 수업 후 협의

　　이와 같이 준비한 후 본 수업을 해 본 후 협의회 시간에서는 처음 공개 수업이라 그런지 많은 이야기가 나왔다. 늦은 시간까지 교사들이 남아서 수업 한 시간에 대한 내용을 논하는 것도 참 인상적인 부분이었다. 협의회 시간에는 여러 이야기가 다양하게 나왔지만 추출 학생 A군에 대한 속기록을 보고 이야기를 해 보고자 한다.

이름	발언내용
천호성 교수	A군이 관찰 중에 가장 특징적인 것을 이야기하겠습니다 수업 시작에서부터 끝까지 순서적으로 발표하는 게 아니라 오늘 A군이 보인 것 중에 가장 특징적인 부분 거기부터 이야기해 볼까요?

김사랑 교사	저는 A군이 학습부진이라고 알고는 있었는데 생각보다 전체적으로 봤을 때는 적극적으로 하는 걸 봤어요. 제가 오늘 가장 인상 깊게 긍정적인 면을 본 걸 말씀을 드리면 마지막 모둠활동할 때 34분부터가 모둠활동이거든요. 34분부터 15분 동안 모둠활동에서 발표까지 보면 숙제를 해 왔어요. 13분에 시작했는데 2시 47분에 자기가 해 온 숙제를 보여 주니까 B양이 적고 있으면서 타임 하면서 말을 하더라고요. 적극적으로 본인이 한 것을 반영하려고 했고 애들이 뺏어 가도 B양이 책 가져와서 A군이 한 것을 읽으려고 하니까 다시 본인 걸 가져와서 내가 읽어 줄게 했으나 B양이 대충 읽어 보고 반영을 안하더라구요. (중략) 양미혜 선생님이 오셔서 빵집 어디 가고 싶냐고 했더니 A빵집을 가고 싶다고 이야기했었구요. 그다음 어떤 부분 사례를 이야기해 볼까 했을 때 52분부터 이야기 하는데 "빵집을 할까? 핸드폰을 할까? 치킨집은 좀 그렇지 않냐?" 주도적으로 얘기하면서 "신발가게 어때?"라고 해서 그 의견을 A군이 했어요. 나이키 같은 거 그렇게 얘기를 하더라고요. C군이 옆에서 아디다스 이렇게 얘기하면서 사례를 채택을 하더라고요. 그리고 발표를 할 때 D군이 했죠? D군이 할 때 그 틈새에 "야, 빨리 적어." 하면서 계속 주도적으로 적극적으로 또 중간중간 적극적으로 하는 모습 그다음 A군의 조를 발표하라고 선생님께서 권하셨을 때 아직 잠깐만 기다려 주세요 했는데 선생님이 사례 안 적어도 된다고 하시면서 발표를 시작하게 하셔서 발표를 했구요. C군이 발표를 하고 와서 오는데 하이파이브를 하더라고요 굉장히 뿌듯해 하면서 적극적으로 모둠활동을 하는 모습이 인상이 깊었습니다.
천호성 교수	지금 굉장히 적극적이고 수업을 잘 따라가는 면을 얘기했거든요? 지금 선생님이 이야기한 부분을 양미혜 선생님은 보질 못했죠?
담임	네.
천호성 교수	수업자는 이렇게 알 수 없습니다. 내가 수업을 하고 있는데 그 아이가 어떻게 해 가고 있는가를 수업자는 알지 못해요. 대충 전체적인 수업을 리드해 갈 뿐이에요. 그런데 선생님이 봐서 구체적으로 그 순간에 그런 행동을 했다는 것은 관찰자이기 때문에 알 수 있다는 겁니다. 그래서 집중관찰이 사실 필요한 거거든요. 그런 관찰을 안 했다면 선생님은 계속해서 걱정을 했을 거예요. 오늘 이 수업시간에도 그 아이가 수업을 잘 못 따라갔을 텐데 한마디도 해 보지도 못하고 수업에 끌려가지 않았을까? 이런 걱정이나 고민을 했을 겁니다. 그럼에도 불구하고 오늘 구체적인 관찰을 통해서는 지금 선생님이 염려하는 이상으로 굉장히 많은 긍정적인 면의 관찰이 사료가 됩니다. 그다음 김병근 선생님, 아마 김사랑 선생님과는 또 다른 면을 볼 수 있고요.

김병근 교사	저 같은 경우는 음악시간하고 과학시간 이렇게 봐요. 음악시간에는 활동적인 학습이 많아서, 즐겁게 활동하는데 과학시간에는 좀 어려운 내용이 나오면 딴짓을 해요. 그래서 제가 문제를 또 물어보면 그때는 해요. 그래서 제가 보니까 그런 모습을 생각하다가 오늘 분위기가 좋아서인지 몰라도 A군의 모습은 아주 성실한 모습을 보였어요. 저 같은 경우 25분에 왔을 때 특이한 모습이었는데 선생님께서 자유의 이점을 찾아서 쓰라고 하실 때 고민 않고 바로 쓰더라고요. 그다음 바로 "끝." 이라고 아주 자신 있게 쓰더라고요. 그게 인상적이었고 그때 잘 찾아서 친구 것을 안 보고 간단하게 했어요. 나름대로 자기가 생각하는 그것을 쓰고 자기는 잘했다고 생각했죠. 또 유사한 시점에 하나가 32분경에 수업시간 내내 늘 선생님을 쳐다봤어요. E군을 보자 하면 E군을 보고 웃었고 F양을 보자 하면 F양을 보고 그 친구가 말을 하면 속으로도 말을 했고 하다가 자기한테 과제가 없으니까 이런 모습도 보이더라고요. 팔짱도 끼고 머리도 끼고 이런(손가락 떠는)모습도 하고 그런 모습이 은연중에 있었구요. 또 의미 있게 본 것이 모둠활동 중에 상당히 적극적으로 참여했고 44분경 "야, C야, 시간이 없어 빨리해. 5분밖에 없어 빨리 하자." 라고 이야기를 하였고, 중간에 D군이 그 내용에서 발표를 하니까 중간에 자기가 전달을 B양에게 한 거예요. 바로 이야기가 안 되니까 중간에 자기가 전달을 한 거예요. 적극적으로 참여하는 그런 모습이 좋았고 아까 끝에 사례에 대해서 이야기하니까 빵도 그렇고 휴대폰도 그렇고 치킨도 그렇고 다 A군 입에서 나왔어요. 좀 의외로 D군이나 C군같은 경우는 그 용어에 대해서 그렇게 하고 싶지 않은데 퉁명스럽게 받아치는 모습이었고, 신발가게도 A군이 말해서 채택했는데 의외로 A군의 모습은 적극적인 모습이고 리더를 하거나 확 잡는 성격은 아닌데 그런 관심을 많이 보였습니다.
담임	A군이 수업에서 적극적으로 리드를 했다는 것은 몰랐던 사실인데요. 이번 수업에서는 흥미 있게 잘 참여한 것 같습니다. 하지만 이렇게 활동적인 수업에서는 A군이 그럭저럭 잘 알아듣기도 하는데요, 지필평가를 할 때 다른 단어들이나 고차원적인 것이 들어갈 때 그걸 이해를 못하면 뭘 요구하는지를 모르니까 성적이 낮은 것 같고 개미나라의 상황을 통해 자유의 이점을 알아보는 거라고 딱 짚어서 아직은 이야기하지는 못하는 것 같아요. A군이 생활적인 면에서 친구들과 잘 지내요. 저도 A군이 학습보다는 잘하는 진로 쪽을 개발해 줬으면 좋겠고, 학습으로 스트레스를 주고 싶지 않아서 어머님께 말씀드렸는데 학습부분을 생각하시더라고요.
천호성 교수	교과에 따라서 아이가 상당한 차이를 보이나요? 수학과 과학은 떨어지는데 사회 과목은 다를 수 있잖아요.
담임	그리고 오늘은 발표수업이고 선생님들께서 계시니 약간 돋보이고 싶은 욕망도 있으니까 잘 참여한 편이죠.

교장	A군은 성격이 명랑하기는 한데 집중력은 자기가 못하는 것 하기 싫은 것은 떨어지는 것 같아요. 집중력을 키우기 위해서는 A군이 관심 있는 것들 자신감을 붙는 것들을 붙여 주면 되지 않나 생각해요. A군 수준에 맞는 교과 프로그램이라든지.

(중략)

천호성 교수	심리검사 자료를 보니 지적인 능력이 상당히 떨어지는 걸로 보이는데 일반적인 지능은 이렇지만 음악이나 연극은 또 다르고 이쪽에 강점을 보인다면 교사들이 잘 찾아서 지원해 주는 게 가장 중요한 목적이라고 봅니다. 담임교사가 이런 노력을 해 주시고 A군에게는 아주 처지지 않는 한 기본적인 읽기, 쓰기, 말하기, 듣기에 포커스를 두면서 연극이나 음악적인 면에 더 많은 지원을 해 주면 어떨까 생각해요. 선생님들께서 의도적으로 음악시간에 특별히 칭찬하고 지지해 주고 하는 게 어떨까요? 너는 정말 음악에, 연극에 소질이 있는 것 같다고 하고 연극 관련 때 A군에게 특별한 역할을 주도록 하고, 그 분야의 소질을 발휘할 수 있는 기회를 주고 하는 거죠. 그것으로 인해서 자기가 평소 갖고 있지 못한 그런 것들에 대해서 자신감을 갖게 되는 계기가 될 수 있습니다. 그런 점에 대해서 부모님과 상담하고 낙담할지도 모르고 자괴감에 빠질지 모르나 이 교육이 학교에서만 끝나는 게 아니라 부모님이 함께하고 다시 희망을 찾아야 하니 연극과 음악 이쪽으로 발전 가능성을 찾아서 이쪽으로 밀어 줄 수 있도록 대안을 찾는 것이 중요할 것 같아요. 앞으로 이쪽으로 포커스를 두는 게 좋을 것 같아요. 졸업할 때까지 지금 상황은 음악과 연극에 확실한 자신감이 없지만 이 분야에 확실하게 자신감을 가질 수 있도록 '나는 이쪽으로 하고 싶다.'라는 내발적인 동기가 끊임없이 만들어질 수 있는 상황이 된다면 이런 아이는 성격도 좋고 사교성도 좋으니 우리 사회에서 자기역할을 충분히 하면서 살아가는 데 아무런 문제가 없습니다. 그런 방향으로 아이를 지도하고 끌어갔으면 좋겠다고 생각합니다.

이와 같이 A군에 대한 이야기는 정말 교사의 예상과는 달리 희망적인 내용이 많아서 다행이었다. 또한 A군이 비록 학습성적은 부진하지만 A군의 좋은 모습을 통해 잘할 수 있는 점을 찾아서 안내해 주는 것이 담임교사가 할 일이고 몫인 것 같다.

5. 수업후기와 전문가의 수업비평

수업을 계획하고 실제로 하고, 또 협의회 시간을 통해 여러 교사의 의견을 나누는 일련의 과정 등을 통해서 수업 후에 느끼고 생각한 점을 기록해 보는 시간을 가졌다.

수업자의 수업성찰

양미혜

혁신학교 3년 차, 수업이 중요하다는 말은 정말 많이 들었다. 하지만 공개에는 부담이 있고, 맞는 것인지 항상 의문이 있다. 올해 들어 첫 번째로 수업을 공개하게 되었다. 작년에 담임을 맡은 학생들을 2년째 맡고 있어서 기본학습 습관 등이 다른 교사들에 비해 수월할 것이라고 생각해서 수업 공개를 일찍 한 거 같다. 한편으로 수업에 대해 별 준비 없이 해도 처음이니까 이해해 주리라는 기대를 하고 조금 가벼운 마음으로 수업을 준비하였다.

수업과목을 사회과로 선택한 이유는 사회과 수업 공개를 몇 차례 해 보기도 하였고, 모둠 토의활동 등을 하면서 학생들이 활동하는 모습을 보여줄 수 있을거 같았기 때문이다. 다음으로 수업 차시를 선택하는 게 문제였는데, 현재 진도를 고려하여 2단원 앞부분을 선택하게 되었다. 또 인디스쿨에서 수업 지도안을 검색하다 보니 이번 차시의 수업 공개자료가 있어서 이번 차시를 선택하게 되었다. 재미있는 ppt자료를 활용하거나 모둠 발표 과정 등을 넣어야겠다는 생각을 하고 수업 지도안을 간단히 작성하고 추출 학생 및 좌석표를 작성하였다. 이런 사전작업 등을 대충 마무리 짓고, '이제 수업을 어떻게 학생들이 지루하지 않고 재미있게, 소외되지 않게 할까?'라는 고민을 하였다.

수업 동기유발자료를 ppt로 제시하고 현재 상황에 맞게 조금 수정하였다. 그리고 활동 1의 자유의 이점을 알아보는 것도 동기유발자료를 통해

조금 깊게 알아보았다. 활동 2의 경쟁의 이점을 알아보는 것은 우리 반 아
이들이 관심 있어 하는 휴대전화의 예를 들어 경쟁의 유형에 대해 설명을
해 보고 이 유형별로 경쟁의 이점을 알아보는 것은 학생들에게 모둠활동
을 주었다. 원래 이 부분은 ppt로 과제 제시를 하려고 하였으나 그러면 수
업시간에 학생들의 사고 과정을 볼 수 없을 거 같아서 과제제시한 내용을
바탕으로 종이에 정리해서 발표를 해 보는 것으로 수정하였다. 하지만 이
과정은 솔직히 얘기해서 처음 해 보는 활동이라 학생들이 자신의 역할을
정확히 숙지하지 못한 것 같다. 수업 전에도 이 부분은 우려가 되는 부분
이었는데 실제로도 효과적인 방법은 아니었다. 경쟁의 유형 네 가지 중에서
교사가 한 가지 제시를 하고 이와 같은 형태로 학생들에게 정리해서 발표
하기를 원했는데 학생들은 발표물 꾸미기에 더 관심을 갖고 모둠토론은
활발히 하지 않았다. 그냥 과제로 해 온 자료를 한 사람이 정리해서 발표
하는 1모둠, 발표자 선택에 고민이 많았던 2모둠, 모둠토론은 적절히 이루
어졌으나 소외되는 학생이 있었던 3모둠. 나중에 이 모둠토론 과정은 조
금 더 반복을 통해 역할을 훈련할 필요가 있겠다.

　수업 후 협의회에서는 첫 번째 수업 협의회이기 때문에 협의회에 대한
일반적인 사항들에 대해 이야기를 나누고, 학생들 위주로 이야기를 나누
었다. 이 부분은 수업자에게 수업 공개에 대한 부담을 덜어 주고 함께 고
민해 보자는 기회를 주는 것 같아 좋은 협의회의 방향이라 생각한다.

　일단 추출 학생 A군에 대해 이야기를 하면 평소 수업시간에는 의욕이
없고 집중력이 없는 장면을 많이 보았는데 이번 수업에서는 적극적으로
참여하고, 발표도 하고, 모둠활동을 주도적으로 이끄는 모습을 발견하였
다. 물론 이런 점은 다른 수업장면에서도 봤던 것 같다. 음악이나 연극 수
업에서 즐겁게 적극적으로 참여하는 모습이 있었다. 또 축구나 넷볼 등
체육활동에서도 적극적으로 참여한다. 친구들과의 관계도 좋은 편이다.
단지 A군은 주지교과에서 지식을 구조화한다거나 기본 지식을 습득하여

문답식 문제를 해결하는 데 어려움을 보인다. 다른 선생님들의 이야기를 듣고 나의 경험을 비추어 보아도 A군의 경우는 문제 있는 상황의 주지교과 수업시간에는 모둠원의 힘을 빌어 같이 해결해 보도록 하는 상황을 통해 배움이 일어나도록 도와주고, A군이 잘하는 음악, 연극, 체육 등의 분야에서 보인 강점을 살려 더 능력을 발전시킬 수 있도록 해 주는 게 교사의 몫인 것 같다. A군의 어머니와도 다시 상담을 통해 이런 점을 이야기하고 A군의 진로에 대해 고민해 보았으면 한다.

또 다른 추출 학생 G군의 경우는 머리가 좋아서 학습내용을 쉽게 이해하고 배운다는 것을 다시 한 번 확인할 수 있었고, 단지 수업 40분에서 학습이 아닌 다른 일을 하면서 시간을 보내므로 이를 막기 위해 더 높은 수준의 학습활동을 제시해 주면 좋겠다. 이를 위해서는 교사가 더욱 수업연구를 해야 할 필요가 있는 것 같다.

수업을 통해 나 자신을 반성해 봤는데 수업에서 소외되는 학생이 몇 명 있었는데 그런 학생들에게 좀 더 명확하게 자신의 역할에 대해 인지할 수 있도록 해야겠다. 또 모둠토의 토론활동을 할 수 있는 수업기술을 활용한 수업을 더 해 봐야 할 것 같다. 사실 이 수업기술은 예전에는 내가 해 봤던 수업이기도 한데 이번 수업에서는 수업기술에 대해 고민을 조금 덜 한 것 같다. 다른 선생님께서 말씀하신 붙임쪽지 붙이기 방법 등은 예전에 해 봤는데 왠지 혁신학교수업에서는 수업기술에 대해 부담이 적어서 그랬는지 소홀히 했다. 이 부분은 다음 수업자를 위해서 조금 더 이야기를 나누어야겠다. 수업 공개가 교사들에게 부담이 없어야 한다는 점은 제일 중요한 사실이나 부담이 되지 않을 순 없다. 그래서 수업기술에 대해서도 수업 전 협의회 시 논의를 해 봐야겠고, 수업 전 협의회 시간도 수업 공개 1주일 전에 이야기를 나누어야 수업자가 수정하고 다시 고민해 보는 시간이 될 것 같다.

아무튼 이번 첫 수업 공개를 통해 수업자도 다른 수업 공개에 비해 부담은 덜 되는 것 같고, 다른 수업에서도 이번 수업을 통해 깨달은 바를 노력할 수 있는 기회를 얻게 되었다. 다른 선생님들의 수업도 관찰을 하면서 수업에 대해 많이 배워 가야겠다.

　　본 수업을 마치고 수업자 이외의 참관자들도 수업후기를 기록했다. 그 중 하나를 싣고자 한다.

내 수업에 대한 전문가의 수업비평

– 장학사 오경숙 –

다르게 보기, 다른 아름다움을 느끼며,

마네 作 〈풀밭 위의 식사〉　　　　피카소 作 〈풀밭 위의 식사〉

수업을 보고 서로의 이야기를 나누다 갑자기 이런 그림이 떠올랐다.

같은 것을 그렸음에도 불구하고, 다르게 보기, 다르게 표현하기, 다르게 느껴짐…….

화가가 표현하고자 한 것을 우리는 보는 우리는 과연 얼마만큼 느끼고 있을까?

마네가 표현하고자 한 것과 피카소가 표현하고자 하는 것은 달랐을 것이다.

마네의 〈풀밭 위의 식사〉를 보고 느끼는 것과, 피카소의 〈풀밭 위의 식사〉를 보고 느끼는 것은 다르다. 하지만 둘 다 위대한 예술작품이고 우리에게 미적인 영감을 불러일으키고, 감동을 준다.

수업도 그런 것 같다.

같은 차시, 같은 주제를 교사마다 다르게 표현한다. 아이들이 다르고, 교사가 다르기 때문이다. 같은 그림을 보고, 보는 사람의 경험에 따라 보는 것들이 달라진다.

하지만 모두 수업에 대한 다른 시각을 일깨워 주고, 수업에 대한 좀 더 넓고, 깊은 이해를 일깨워 주며, 수업이 신성한 작업이라는 생각을 들게 해 주는 것 같다.

어제 수업 협의를 하면서 생각한 것들이 참 많았다.

먼저 나 개인적인 역사에 비추어 볼 때 참 가슴 벅차 오르는 뿌듯함을 느꼈다. 수곡초에서 하고 싶었지만 미처 못하고 미뤄졌던 일을 한 느낌, 남겨진 숙제를 한 느낌이 들었다. 또 한 가지는 그런 진지한 교육적 논의를 같이할 수 있다는 것에 무척 행복했다.

교사의 입장에서 학생들의 배움이 일어나는 것에 관심을 갖고 'G군'을 집중관찰하면서, 가지게 된 의문점은 아직도 해결되지 않고, 앞으로도 계속 생각하면서 해결해야 할 것 같다.

몇 가지 생각한 것들은 다음과 같다.

첫째, 교사의 성향에 따라서 학생의 문제행동을 느끼는 것은 다르구나. 어쩌면 학생의 문제행동은 학습을 일으키지 못하게 하는 고정적 장애적 요인이 아니라 교사와 학생의 성향의 차이에서 오는 이질감일 수도 있겠구나! (물론 그렇지 않는 경우도 많고, 확실히 누구나 봐도 힘든 경우도 있긴 하다.)

이런 생각으로 학생들을 보면, 학생들이 문제가 있을 때 적어도 '나(교사)' 자신을 스스로 돌아볼 수 있는 시간을 가질 수 있겠다 하는 생각이 들었다. 하긴 이 점은 학생과 교사의 관계에서뿐만 아니라 대부분의 인간관계에서도 마찬가지일 것이다.

둘째, 기술이나 기법적인 부분의 필요성을 현재 우리는 너무 도외시하지 않나 하는 생각이 들었다. 물론 이것은 기존 교사 중심의 수업관찰 방법에 대한 비판으로 나타난 반작용으로 생각할 수도 있다. 학생 배움 중심으로 수업을 보되, 필요하다면 같이 연구하고 노력해야 할 부분이다.

다행히 어제 수업 협의에서는 그런 부분의 논의가 2부에서 모둠토의학습이나 교사의 행동에 대한 논의 과정에서 어느 정도 언급되어서 다행이라는 생각이 들었다.

현재 전북교육의 분위기로 봐서는 배움의 공동체나 아이의 눈으로 수업보기를 하지 않으면 덜 떨어진 교사라는 분위기가 알게 모르게 있지만, 이러한 관점 역시 성숙하지 못한 것으로 본다.

필요하다면 선택할 수 있는 자율성을 교사에게 주고, 충분히 존중해 줘야 한다고 생각한다.

셋째, 학습부진이 누적되는 상황에 대한 논의는 앞으로도 필요한 것으로 보여진다. 어제는 두 명의 추출 학생에 대한 이야기가 주가 되었지만 앞으로 언젠가는 내가 관찰한 학생과 같이 학습을 하지만 학습속도가 너무 느려서 계속 활동을 하는 도중에 중지되고 다른 활동을 넘어가며, 학습부진이 누적되는 경우에 대해서 이야기를 나눌 것 같다.

이는 비단 'A군'만이 아니고 일반적으로 나타나는 현상이다. '배움으로부터 도주(사토마나부)'를 보면 학습부진아 교육을 한다며 낮은 수준의 학습을 한다고 해서 그 아이가 학습의 부진을 벗어난다는 가정을 부정하고 있다. 그 부분을 읽으며 공감하게 된 것은 교사를 하는 동안 그러한 경험을 너무도 많이 했기 때문이리라. 사실 그렇다. 4학년 아이에게 3학년 수준을 한다고 해서 그 아이가 3학년 것을 마스터하고 4학년 수준의 학습을 하게 되는 것을 거의 보지 못했다. 학년 수준의 것을 하다 보면 그보다 밑의 수준을 터득하게 되는 것인가?

어떻게 해야 할까? 단위시간에 학습량이 누적되는 아이들은 어떻게 해야 학습량을 소화시킬까?

교사가 못한다면 협력학습으로 해결할 수 있는 것일까? 아니면 교사가 개입해서 해결해야 하는 것인가?

생각이 이것저것 많다.

이론적으로 아직 확실히 모르는 부분도 있고, 경험을 했으되, 적당히 설명해 줄 수 있는 근거를 찾지 못하는 부분도 있는 것 같다.

아무튼 선생님들의 수업에 대한 이야기를 들으며 수업의 이런저런 맛을 본 것 같아 무척 기쁘다. 이렇게 수업 자체에 대해 이야기하다 보면, 우리 모두의 전문성은 신장될 것이다.

천호성 교수님의 수업분석 방법과 협의에 대해 전적으로 공감하는 부분이 많은 나로서는 같이할 수 있어 기뻤고, 시간은 오래 걸렸지만 17년간의 교직생활 중에서 전문성 신장을 위해서 가장 보람 있는 일을 한 것 같아 힐링의 시간이었던 것 같다.

이런 자리를 마련해 준 전수환 교장 선생님 이하 모든 선생님들에게도 감사하고, 첫 수업을 용기 있게 공개해 준 예쁜 후배, 양미혜 선생님에게도 감사하다.

이런 활동에 목말라하는 다른 선생님들에게도 이런 기회가 주어진다면 더욱 좋을 텐데, 맛있는 음식을 혼자 먹은 부모의 마음처럼 걸리는 부분도 있다.

한 걸음, 한 걸음 더디 가도 천천히, 다 함께 가다 보면 언젠가 같이 더 큰 행복을 누릴 수 있을 거라고 생각하며 이 글을 마칠까 한다.

제**9**장

따뜻한 손을 가진
선생님이 되련다

❖ 김현경

따뜻한 손을 가진 선생님이 되련다

❖ 김현경

1. 선생님으로의 첫걸음을 떠올리며

4년 전, 구로야나기 테츠코의 『창가의 토토』라는 책을 읽었다. 이 책은 갓 입학한 학교에서 문제아로 낙인찍혀 퇴학당한 토토가 새로 옮긴 도모에 학원에서 인생을 다시 배워 나가는 이야기다. 아이들을 이해하는 교육과 재미있고 다양한 교육을 통해서 천방지축 사고뭉치였던 토토가 자기도 모르게 변화하여 남을 배려하고 조용히 해야 할 때를 알게 되는 모습을 보면서 교육의 중요성과 선생님의 역할에 대한 중요성을 느낄 수 있었다. 그리고 나도 이런 선생님이 되어야겠다고 다짐하며 선생님의 꿈을 키워 왔다.

어느덧 시간이 흘러 나는 곧 선생님이 되었다. 나는 '선생님'이라는 세 글자가 좋다. 먼저 태어난 사람……. 먼저 태어나서 세상 일을 먼저 배우고 먼저 깨달은 후, 그 깨달음을 가지고, 신념을 가지고, 경험을 가지고 또 다른 삶들을 키워 내는 사람, 그런 사람이 선생님이다.

나는 우리 반 아이들이 행복한 교실 안에서 행복한 마음을 가지고 생활하도록 이끌어 주고 싶다. 행복은 마치 나무와 같아서 일찌감치 좋은 바탕에 뿌려진 씨앗이 좋은 성품과 의지로 뿌리내리고 꾸준히 자란다. 행복한 사람은 마치 나무가 그렇듯 그 자체로 세상의 기쁨이 되고 아름다움이 되는 것이라고 생각한다. 그러므로 어린 시절에는 지나치게 학습에 치중하기보다는 토토의 그것처럼 행복의 씨앗을 심는 나날이 되어야 할 것이다.

나는 나의 제자들이 이웃과 더불어 살아갈 수 있는 사랑을 지닌 사람으로 자라기를 바란다. 그러기 위해 인성교육에 힘쓸 것이다. 우리 아이들을 위해 내가 먼저 모범을 보이고, 아이들과 함께 울고 웃으며 모든 일에서 열심히 노력할 것이다. 또한 다양한 아이들에게 각자의 개성을 찾아서 자신의 소질을 개발할 수 있도록 다양한 기회를 줄 것이다.

어느 초등학교 미술시간……. 선생님은 아이들에게 가장 따뜻하다고 생각하는 것을 그려 보라고 했다. 모닥불을 비롯해서 난로, 이불 등 갖가지 그림들이 그려졌다. 그런데 '손'을 그린 아이가 있었다. 누구의 손이냐고 물어보자 아이는 수줍게 '선생님의 손'이라고 대답했다. 가난하지만 밝게 생활하는 그 아이를 선생님은 평소에 자주 쓰다듬어 주곤 했고 아이는 그 손길의 따뜻함을 마음으로 느껴 왔던 것이었다.

나도 아이들에게 좋은 선생님이 되고 싶다. 아이들과 함께 웃으면서 아이들의 가슴속에서 살 수 있는 좋은 선생님이 되고 싶다.

학생들에게 나는 어떤 선생님으로 비춰질까? 나는 과연 어떤 선생님이 되고 싶은 것일까?

교육에 대해 고민하고 교사로서의 내 모습을 고민하게 되는 요즘, 처음 교직에 발을 내딛었을 때 써 놓았던 글이 생각났다. 나는 어떤 모습의 교사를 꿈꾸며 첫걸음을 내딛었을까?

2006년 2월, 설렘을 안고 교사가 되기 전 썼던 한 페이지 남짓의 글을 읽으며, 아차 하는 생각이 들었다. 지금의 나의 모습이 초심과 많이 달라져 있음이 부끄러웠기 때문이다.

나의 어릴 적 꿈은 선생님이 아니었다. 하지만 교대에 입학하고 선생님이 되기 위한 과정들을 밟아 가면서 선생님이라는 직업이 보람 있고 매력적인 직업이라는 생각이 들었다. 막연하게나마 앞으로 가르칠 학생들에게 좋은 선생님이 되어야겠다라고 다짐했었다. 그리고 도시의 큰 학교보다는 시골의 작은 학교에서 순수한 아이들과 함께 자연 속에서 함께 뛰놀며 살아 있는 교육을 하고 싶다고 생각했었다. 또 문화적 혜택을 많이 받지 못한 아이들에게 다양한 재능을 길러 주기 위해 내가 가진 것들을 아낌없이 주고 싶었다.

나의 첫 발령지는 정읍의 작은 시골 학교였다. 꿈꿔 왔던 것처럼 작고 아담한 규모에 많지 않은 아이들과 함께 하는 곳이었다. 처음에는 2학년을 맡아 아이들과 함께 공부하고 방과 후에는 오카리나와 미술을 가르쳤다. 아이들도 즐거워했고 나도 가르칠수록 실력이 늘고 즐기는 아이들을 보며 보람 있었던 시간이었다. 사랑해 주는 만큼 잘 따라 주는 아이들을 보며 교사로서의 즐거움도 느낄 수 있었다.

그러나 한 해 두 해 지나면서 교사로서의 나의 모습은 처음 생각과는 달라졌다. 교대에 다니면서 꿈꿨던 교사의 모습은 사랑과 열정만 가지고 아이들을 잘 가르치면 된다고 생각했는데 실제 교사의 모습은 그러기에 힘들었다. 방과 후에는 공문처리를 하고, 그 외의 잡다한 업무들을 하다 보면 나와 함께 놀고 싶고 대화를 나누고 싶어 교실에 찾아오는 아이들과 이야기를 나누기도 힘들었고 나도 모르게 짜증을 내는 일이 생기기 시작했다. 당연히 내일 수업을 위한 교재연구를 할 시간도 없었으며 교재연구를 하려면 집으로 교과서와 지도서를 가지고 가야 하는 실정이었다. 그러나 왕복 두 시간의 출퇴근 거리는 나에게 큰 피로감을 주었기에 실질적으로 교재연구를 집에서 한다는 것은 쉽지 않은 일이었다.

그러다 보니 수업시간에 지도서를 보며 즉흥적으로 수업하기 일쑤였고, 수업이 끝나고 난 후에는 '과연 아이들이 잘 알아들었을까?'라는 걱정과 제대로 준비하지 못한 수업을 한다는 죄책감이 들었다. 그러면서 늘 '수업을 잘하고 싶은데 어떻게 하면 잘할 수 있을까?'라는 수업에 대한 갈 증을 느꼈다.

그나마 1년에 한두 번 공개하는 공개수업은 교재연구를 하고 그 부분에 대해 심도 있게 고민해 볼 수 있는 기회였기에 많이 도움이 되었다. 그리 고 확실히 교사가 준비를 하고 고민한 수업에서의 아이들의 모습은 훨씬 더 활기차고 즐거워하며 배움이 있는 것을 알 수 있었다.

신규교사였던 나에게 수업이 끝난 후 이어진 교감 선생님과의 수업 협 의회는 많은 도움이 되었으나 당시 경력교사가 할 수 있었던 수업명장이 라는 제도 때문에 신규교사가 수업 공개를 하기에는 기회가 부족했고 좋 은 수업을 볼 수 있는 기회도 많지 않았다. '앞으로 남은 교직생활에서 교 육전문가인 교사로서 나 스스로 떳떳하고 당당하기 위해서는 수업에 대 한 전문가가 되어야 하는데……' 하는 수업에 대한 갈증은 그렇게 해소되 지 못한 채 가슴속에 남겨 놓게 되었다.

2. 수곡초등학교와의 첫 만남

두 번째 학교인 수곡초등학교는 발령받았을 때부터 기대가 큰 학교였 다. 혁신학교라는 것이 생기기 전부터 이미 혁신적으로 교육과정을 운영 하고 있었고 아이들이 자유분방하며 선생님들도 그 아이들의 눈높이에서 열정적으로 교육해서 폐교 위기에 있던 학교가 학생이 100여 명으로 늘게 되었다는 소문이 자자했기 때문이다. 체계적인 교육과정과 다양한 체험 학습 및 선택형 방과 후 활동, 무엇보다도 교사의 열정 등 교사로서 배울 점이 많은 학교였기에 큰 기대를 가지고 부임했다.

3학년을 맡게 된 나를 처음 반겨 준 학생은 E학생이었다. E학생은 제법 큰 키에 예쁜 눈을 가진 학생으로 상냥하고 똑부러지는 말투로 나에게 먼저 다가왔고 수곡초 학생들의 당당함과 자유로움을 느낄 수 있었기에 기대감을 더욱 크게 만들었다.

우리 반은 14명의 학생들이 있었으며 다른 학년이 유난히 남학생이 많은 것과는 달리 여학생이 더 많은 반이었다. 전체적으로 학생들이 자유롭지만 당당하고 개성 있는 모습을 지닌 학생들이었기에 수곡초에서 앞으로의 3년을 멋지게 보낼 수 있을 것이란 기대는 3월 한 달간의 생활로 앞으로의 3년을 어떻게 보낼 수 있을까라는 걱정으로 바뀌게 되었다.

학부모님의 요구사항들은 서로가 원하는 방향이 달랐기에 어떤 것에 맞춰야 할지 갈팡질팡하게 만들었고, 개성이 강한 학생들의 모습들을 수용하기에는 너무나 자유분방하였기에 나를 고민하게 만들었다. 학부모님들이 원하는 아이들의 모습과 내가 원하는 아이들의 모습 속에서 공통점을 찾아가는 것이 수곡초에서 나의 첫 번째 고민이었다.

고민을 해결하기 위해서는 우리 반 아이들이 갖고 있는 가장 큰 문제점이 무엇인지 찾아야 했다. 우리 반의 가장 큰 문제점은 교우관계에 있어서의 고착화와 왕따문제였다. 몇 명 되지 않는 학생들이지만 1학년 때부터 같이 학년을 올라오면서 이미 형성되어 있는 또래집단은 학년이 올라가도 달라지지 않았고 그 집단의 한두 명이 우리 반 전체 학생의 리더의 역할을 하게 되면서 그 또래집단에 들어가지 못하는 학생들이 그 또래집단의 눈치를 보거나 스트레스를 받는 상황이었다. 또, E학생의 경우, 계속된 왕따문제로 인해 심리적으로 어려움을 겪고 있는 상황이었다. 학생들의 개개인을 파악하고 문제가 생기게 된 원인을 찾기 위해 학생들과 거리감 없이 이야기도 많이 나눠 가까워지려고 하였고 학부모님들과의 상담도 많이 하여 자녀들을 객관적인 눈으로 바라볼 수 있게 하려고 노력하였다.

3. 한 번 더 해 보자!

여러 가지 노력에도 불구하고 우리 반 친구들의 모습은 크게 달라지는 것 같지 않았다. 나는 우리 반 친구들을 데리고 1년 더 지도하면서 긍정적인 변화를 이끌어 가기로 결심했다. 올해는 학교에서 교육과정, 즉 수업에 더 집중하고 교사들의 성장을 위해 심리공부와 천호성 교수님과 함께하는 참여형 수업연구 등 많은 지원이 있을 것이라 했기에 그것들을 통해 아이들과 교사의 성장이 함께 있을 것이라 생각했다. 특히 참여형 수업연구는 그동안 내가 가지고 있던 수업에 대한 갈증을 해결해 줄 수 있는 실마리가 될 수 있을 것이란 큰 기대를 갖게 했다.

⏻ 참여형 수업연구란 무엇일까?

천호성 교수님과 함께 참여형 수업연구를 진행하기 앞서 이미 참여형 수업연구를 했던 익산성당초 선생님께서 연수를 해 주셨다. 참여형 수업연구란 추출 학생으로 선발된 학생들을 교사가 한 명 또는 한 집단씩 맡아 수업 속의 아이들의 모습을 집중적으로 관찰하고 그 속에서 아이들의 배움이 어떻게 일어나고 있는지를 알아보는 것이라 하였다. 그리고 그 아이들의 수업 속 배움에 대한 모습을 수업 후 협의함으로써 그 아이에게 실질적으로 필요한 도움과 지원을 교사들이 함께 찾아간다고 하였다.

설명만으로는 참여형 수업연구에 대해서 정확하게 알기 어려웠다. 실제로 초단위 분단위로 한 명 또는 한 그룹의 아이들의 모습들만을 관찰하고 과연 어떤 얘기를 수업 후 협의회에서 나눌 수 있을지 의심스러웠고 그런 수업관찰이 아이들과 교사에게 어떤 도움이 될 수 있을지도 막연하다는 생각이 들었다. 그리고 그렇게 첫 번째 참여형 수업연구수업이 시작되었다. 첫 번째 수업은 6학년 학생들의 수업이었다. 내가 관찰한 P학생은 평소에 국어과와 수학과에서 부진한 학생이었다. 그러나 P학생의 수업 속에서 모습은 예상과 다르게 적극적이고 거침없이 아이디어를 쏟아 냈으며 그 집단에서 리더의 역할을 하고 있었다. '아~, 한두 과목에서의 부진한 모습을 보인다고 해서 그 학생을 성급하게 부진 학생이라고 낙인해서는 안되겠구나. 그 학생이 잘할 수 있고 좋아하는 것을 찾아줘서 칭찬하고 격려를 통해 성장할 수 있도록 안내하는 것이 교사의 역할이겠구나!' 첫 번째 참여형 수업연구를 통해 알게 된 가장 큰 깨달음이었다. 그리고 선생님들께서 각자 맡은 학생들의 수업 속 모습을 얘기하고 그 아이들의 문제점과 앞으로의 지도 방향 등에 대해 함께 고민하고 논의하면서 6학년 추출 학생들에 대한 관심이 생기는 것은 물론 그 아이들의 모습 속에서 우리 반 아이들의 모습도 비춰 볼 수 있었다.

⏻ 참여형 수업연구를 통해 우리 반 아이들은 어떤 도움을 받을 수 있을까?

우리 반 공개수업에 앞서 나는 참여형 수업연구를 통해 우리 반 학생들의 어떤 모습에 대해 여러 선생님들과 함께 고민하고 논의하고 싶은지 생각해 보았다. 그러기 위해서 우리 반 학생들의 평소 수업태도에 대해 생각해 보았다.

평소에 우리 반 학생들의 수업태도를 보면 적극적인 소수의 아이들을 제외하고는 전반적으로 공부에 관심이 없는 아이들이 많다. 과제를 제시하거나 수업 중에 해결해야 하는 것이 있을 때 안 하고 대충 시간만 때우려고 하는 무기력한 모습과 수업시간에 멍하니 앉아 있거나 낙서를 하고 있고, 농담으로 수업분위기를 흐리게 하려는 아이들 때문에 수업이 매끄럽게 진행되지 못한다는 느낌을 많이 받았다. 또 자신의 의사표현에 있어 적극적인 학생이 있는 반면, 자신의 생각을 전혀 표현하지 않으려는 소극적인 학생도 있다. 그리고 가장 큰 문제점은 자신의 주장과 생각을 펼치는 것은 좋아하나 다른 친구들의 이야기를 전혀 듣지 않으려고 한다는 것이었다.

이러한 우리 반 아이들의 문제점을 토대로 하여 첫 번째 수업을 준비하였다. 다른 과목보다 우리 반 학생들이 좋아하고 부담 없이 생각을 얘기할 수 있는 국어과 수업으로 준비하였다. 첫 번째 수업의 주제는 '학교도서관에서 그림책을 찾아 읽고, 소개하기'였다. 그림책이라는 소재는 평소 책을 좋아하는 학생들과 책 읽기를 힘들어하는 학생들 모두에게 흥미를 일으킬 수 있는 거리였다. 우리 반 학생들은 사전과제로 도서관에서 친구들에게 소개하고 싶은 책을 찾아보라고 했을 때부터 이미 공개수업을 할 생각에 들떠 있었다.

눈치가 빠르고 쇼맨십이 있으며 다른 사람들의 평가에 신경 쓰는 아이들이라 여러 선생님들 앞에서 평소의 수업태도를 보여 줄지가 의문스러웠지만 나는 선생님들과 함께 관찰하고 함께 얘기하고 싶은 친구들로 다섯 명의 학생을 추출하였다. 이 다섯 명의 학생의 특징은 다음과 같다.

먼저 A학생은 산촌 유학학생으로 기초학력이 부족한 학생이다. 수학시간에 공부하는 것을 특히 힘들어하지만 말솜씨가 좋고 재치 있어 국어시간의 경우 적극적으로 발표하고 비교적 조리 있게 자기 생각을 말하려고 노력하는 학생이다. 그러나 수업시간에 다리를 올리고 앉아 있거나 옆 사람과 장난을 치는 등 산만한 태도를 많이 보이고 주어진 과제를 해결하는 것에는 그다지 관심이 없으나 장난을 치는 듯한 발언을 하여 수업분위기를 흐려 놓는 경우가 많은 학생이다.

B학생은 내성적인 성격을 지닌 학생으로 대부분 조용하고 소극적인 모습을 보이는 학생이다. 따뜻한 마음을 지니고 있고 다른 사람을 배려하는 태도를 지니고 있어 친구들과의 사이도 두루두루 원만하게 지내고 있고 동적인 활동에도 적극적인 태도는 아니지만 잘 참여하고 있다. 기초학력

이 부족하며 특히 맞춤법 같은 경우는 받침이 거의 틀리며, 글을 읽는 것도 천천히 읽고 발표하는 목소리도 작다. 수업시간의 대부분을 손장난을 하거나 멍하니 있는 경우가 많고 손을 들고 발표하는 경우는 거의 없다. 갑자기 질문을 던지거나 개인적으로 얘기를 나눠 보면 "네?" 하고 반문 내지는 "몰라요."라는 답변이 대부분이다. 생각하기를 싫어하는 학생이다.

C학생은 에너지가 항상 넘치는 학생으로 쉬는 시간에 움직일 때 항상 소리를 지르고 다니고, 수업시간에도 가끔 소리를 질러 수업 흐름을 방해하곤 한다. 항상 재미를 추구하고 놀고 싶어 한다. 운동신경이 뛰어나고 운동을 좋아하며 가만히 앉아 있는 것을 힘들어하기 때문에 공부를 아주 싫어한다. 공부시간에 주어진 과제에 대해 귀찮아하고 빨리 끝내야겠다라고만 생각하여 대충하는 경우가 많아 정확도가 굉장히 떨어지지만 기초학력이 부족한 학생은 아니다. 부족한 부분의 경우 따로 조금만 알려주면 금방 따라오긴 하지만 건성으로 해결하고 덤벙대기 때문에 시험성적은 좋지 않다. 예전에는 수업시간의 활동에도 참여하고 싶지 않으면 엎드려 있거나 옆 친구를 괴롭히는 행동을 했으나 최근에는 수업시간에 바른 태도는 아니어도 옆으로 삐딱하게나마 교사를 바라보고 들으려고 노력하고 있다.

D학생은 본인 스스로도 자신은 우리 반에서 특이한 아이라고 표현한다. 뱀을 좋아하고 파충류과에 관심이 많다고 공공연하게 이야기하지만 실제로 관심이 많은 것은 공주과의 소품들(레이스, 왕관, 드레스), 예쁘고 귀여운 아기자기한 인형들, 자신의 외모다. 성숙한 4학년 다른 여학생과 달리 유달리 조그맣고 귀여운 인형류를 좋아하는 애기 같은 모습으로 수업 중에도 계속 만지고 노느라 수업에 집중하지 않는 모습을 보이는데 인형을 못 가져오게 하여 놀거리가 없으면 멍하니 딴생각을 하고 있다. 평소에 친구관계에는 관심이 없으며 혼자서 책을 많이 읽는다. 수업시간에 멍하니 있고 활동에 대해 관심이 없어서 학년이 올라갈수록 학력이 떨어

지고 있는 상황으로 다행히 어머니께서 그 사실을 인지하고 있어 집에서 매일 수학과 영어 공부를 시키고 있다고 한다. 수업시간에 발표는 거의 하지 않고 시키면 마지못해 하거나 모를 경우 가만히 고집스럽게 앉아 있는다.

E학생은 책을 아주 좋아하고 분야도 다양하게 읽는다. 요즘에는 소설류를 많이 읽는데 성인소설까지 범위가 넓어졌다. 쉬는 시간에는 무조건 도서관으로 가서 책을 읽느라 수업시간에 교실에 들어오지 않아 데리러 가야 할 때가 많다. 친구와의 관계가 매우 좋지 않고 유치원때부터 친구들에게 따돌림을 받아 왔기 때문에 마음속에 상처가 많다. 본인은 친구들이 자신을 괴롭힌다고 얘기하며 잘 지내고 싶다고 얘기하지만 행동으로 보았을 때는 그닥 친구와 관계맺기에 대해 관심이 없는 것으로 보인다. 다 같이 하는 활동보다 혼자 책 읽는 것을 좋아하기 때문이다. 책을 볼 때는 친구들이 불러도 대답도 하지 않고 오직 책만 읽는다. 수업시간에는 교과서에 낙서를 하거나 딴생각을 하고 멍하니 있는 것이 대부분이나 본인이 관심 있는 주제(거의 국어시간의 책 관련 주제)에 대해서 "질문, 질문!!!"이라고 외치며 시도 때도 없이 질문을 하고 혼자 이야기를 하느라 수업을 이끌어 나갈 수 없게 한다. 또 공개수업 때나 새로운 사람을 만났을 때 굉장히 조리 있게 얘기를 하여 처음 만난 사람은 똑똑한 아이로 평가한다.

여러 선생님께서 다섯 명 학생들의 수업 속에서의 배움을 관찰해 주시기 바라며 나는 자신의 생각을 정리해서 글로 써 보게 하기, 모든 학생들이 자신의 생각을 자신 있게 표현해 보도록 하기, 친구의 이야기를 경청하며 친구의 생각을 존중하고 배려하며 공감하게 하기라는 세 가지 의도를 가지고 다음과 같이 첫 번째 수업을 실시하였다.

국어과 교수·학습 과정안

- 단원: 7. 넓은 세상 많은 이야기
  - 차시: 2/6차시(듣말쓰 124-125쪽)
  - 학습주제: 학교도서관에서 그림책을 찾아 읽고, 소개하기
  - 지도 대상: 수곡초등학교 4학년 11명(남 5명, 여 6명)
  - 지도교사: 김현경
- 지도일시: 2013. 6. 27. (목) 5교시 (13:10)
- 교수·학습활동

단계	학습내용	교수·학습활동	시간	비고
도입	전시학습 상기 및 동기유발	■ 전시학습 상기 그림책은 어떤 책인지 이야기하기 ■ 동기유발 "도서관에 간 사자" 그림책 읽어 주기 - 그림책을 친구에게 소개하는 방법에 관심 갖기	6′ (6′)	★그림책자료
	학습문제 확인	학교도서관에서 그림책을 찾아 읽고, 친구에게 소개하여 봅시다.	1′ (7′)	
	학습활동 안내	■ 학습활동 안내하기 (활동 1) 그림책 찾기와 소개하는 방법 알아보기 (활동 2) 그림책 소개할 내용 정리하기 (활동 3) 내가 읽은 그림책 소개하기	1′ (8′)	
전개	학습 활동 1	■ 그림책 찾기와 소개하는 방법 알아보기 - 도서관에서 그림책 찾는 방법 알아보기 - 그림책을 소개할 때 들어갈 내용 알아보기 - 그림책을 소개하는 방법 알아보기	6′ (14′)	
	학습 활동 2	■ 그림책 소개할 내용 정리하기 - 그림책 소개할 내용 정리하기 - 그림책 소개할 내용 발표 연습하기	10′ (24′)	★그림책, 학습지, 사인펜, 색연필
	학습 활동 3	■ 내가 읽은 그림책 소개하기 - 친구들에게 그림책 소개하기 - 그림책에 대한 생각 나누기	11′ (35′)	

| 정리 | 정리
하기 | ▪ 학습내용 정리하기
　– 학습활동 느낌 이야기 나누기

▪ 다음 차시 안내
　– 다음 시간에는 그림책을 만드는 과정
　　을 알아보겠습니다. | 5′
(40′) | |

▪ 본시 평가계획(교사 관찰평가 및 자기평가)

평가영역	평가시기	평가내용	평가 방법
지식 기능	활동 1	도서관에서 그림책을 찾아 읽을 수 있는가?	관찰 체크리스트
기능	활동 2	그림책을 읽고, 친구들에게 소개할 내용을 정리할 수 있는가?	관찰 체크리스트
지식 기능	활동 3	자신이 읽은 그림책을 친구들에게 소개할 수 있는가?	관찰 체크리스트
태도	활동 2	그림책 읽기에 관심을 갖고 활동에 적극 참여하는가?	관찰 체크리스트
태도	활동 3	친구들의 그림책 발표에 관심을 갖고 새롭고 재미있 는 점을 찾아 칭찬할 수 있는가?	관찰 체크리스트

⏻ 우리 반 학생들은 수업 속에서 어떤 배움이 일어났을까?

예상대로 우리 반 친구들은 평소와 달리 적극적이고 바르게 경청하는 자세로 수업에 참여하였다. 한두 마디 거친 표현이 나오기는 했으나 그것은 그림책을 소개하기 활동에서 제비뽑기 형태로 순서를 정할 때 자신이 선택되지 못하는 아쉬움에 대한 표현일 뿐 학습에 방해가 될 만한 행동은 아니었다. 나는 수업시간이 예상보다 많이 초과되었으나 전체 학생 모두가 앞에 나와 자신이 선택한 그림책을 소개할 수 있도록 하였다. 덕분에 평소 수업시간에 소극적인 학생들도 앞에서 자신의 책을 소개하는 기회를 가질 수 있었고, A학생의 경우 그림책을 연극활동으로 각색하여 표현해 많은 칭찬을 받기도 하였다. 전체적으로 학생들이 다양하고 개성 있게 그림책을 소개하여 많은 선생님들의 칭찬을 받았고 학생들도 기분 좋게 첫 번째 공개수업을 마쳤다.

여러 선생님과는 우리 반 학생들의 관계에 대해 논의하였다. 수업 공개 며칠 전, 학생들의 성격유형검사 결과를 토대로 우리 반 학생들의 성향에 대해 논의하였기 때문에 선생님들은 그것을 토대로 첫 번째 수업 속에서의 아이들의 모습을 더 심도 있게 관찰할 수 있었을 것이라 생각한다. 여러 선생님과 교수님은 학생들의 관계를 위한 여러 가지 해결책을 제시해 주셨고 나는 수업 속에서의 과제수행을 통해 칭찬을 받고 기분 좋아진 학생들을 보며 아이들의 관계회복 및 수업 속에서의 학생들의 배움을 위해 어떻게 해야 할 것인지에 대해 깊이 고민하게 되었다.

⏻ 아이들의 성장을 위한 노력

1차 공개수업 후, 나는 우리 반 아이들이 가지고 있는 가능성에 주목하여 좀 더 적극적으로 지도해 보기로 했다. 과제가 있어도 하지 않고 시간이 지나면 넘어가게 된다는 안일한 생각과 수학에서의 기초학력 부족현상으로 인해 그 이상의 것을 해결하지 못해 짜증만 내고 있는 수업시간의 모습을 해결하여 보기로 했다. 몇몇의 부진 학생이 있었지만 우리 반 학생들의 수준은 노력이 부족하여 생긴 부진이었기에 해결할 수 있을 것이라 생각했다. 때문에 그것의 한계를 넘어 공부의 즐거움을 알게 하는 것이 나의 일차적 목표였다. 수학의 기초적인 연산에 대해 정해진 날짜까지 해결해 오도록 과제를 제시하였다. 역시 예상대로 과제를 해 오는 학생은 한두 학생에 불과했다. 주어진 과제를 모두 해결할 때까지 방과 후 시간에 나와 함께 공부를 시작하였다. 처음에는 시간만 보내려고 버티는 학생들이 있었으나 며칠간 계속되다 보니 학생들은 열심히 공부하기 시작하였고 결국은 모든 학생들이 기초연산을 해결할 수 있게 되었다. 그렇게 며칠간 방과 후에 같이 공부하며 얻은 가장 큰 성과는 학생들이 성취감을 맛보았다는 것이었다. 아이들 입에서 스스로 "공부가 재미있어요."라는 이야기가 나왔고, 학부모들도 집에서 아이가 스스로 공부를 하더라는 이야기를 하셨다. 성취감과 나도 하면 할 수 있다는 자신감을 얻은 우리 반 학생들은 이후 수업시간의 태도가 크게 달라졌다. 교사의 말에 집중하였으며 수업시간에 따분해하며 다른 친구들을 방해하려는 태도도 개선되었다. 그리고 학습의 즐거움을 알게 되니 자연스럽게 심심해서 친구들을 괴롭히던 행동도 개선되어 학생들의 관계도 많이 좋아지게 되었다.

2차 수업에서는 이런 좋아진 관계에 주목하여 모둠활동을 조직하여 수업을 준비했다. 2차 수업에서의 주제는 '소개하는 말을 듣고 적극적으로 반응하기'다. 다른 사람의 말을 잘 듣는 것이 중요하다고 아무리 얘기해도 습관화되지 않는 우리 반 아이들에게 적합한 주제라는 생각이 들었다. 연극활동과 같은 표현활동을 좋아하는 우리 반 아이들의 특성에 맞게 놀이 중심의 연극활동을 수업에 접목하였다.

2차 수업에서의 추출 학생은 2학기에 들어 새로 전학 온 F학생으로 선정하였다. 다른 친구들의 경우 2년간의 담임을 맡으며 어느 정도 파악이 되었으나 새로 전학 온 F학생의 경우 파악하기가 조금 힘든 면을 가진 학생이었다. 수업시간에 쉬는 시간에 보던 책을 계속 보고 있는 경우가 많고, 수업의 활동에 대해서 적극적으로 참여하지 못하는 모습을 많이 보여 같이 짝활동을 하거나 모둠활동을 하는 친구들이 짜증을 내는 경우가 많았다. 눈치가 없는 편이고 행동이 느리며 혼자 중얼거릴 때가 많고, 활동성이 많지 않고 쉬는 시간에는 자리에 앉아 책을 보고 있을 때가 많은 학생이다. 전학 오고 나서 바로 계절학교가 이뤄졌기 때문에 수업시간에 많이 겪어 보지 않아 수업시간에 F학생이 어떻게 행동할지가 궁금하였다.

국어과 교수 · 학습 과정안

- 단원: 4. 이럴 때는 이렇게
  - 차시: 4/6차시(듣말쓰 68–71쪽)
  - 학습주제: 소개하는 말을 듣고 적극적으로 반응하기
  - 지도 대상: 수곡초등학교 4학년 11명(남 5명, 여 6명)
  - 지도교사: 김현경
- 지도일시: 2013. 10. 24. (목) 5교시 (13:10)
- 교수 · 학습활동

단계	학습내용	교수 · 학습활동	시간	비고
도입	전시학습 상기 및 동기유발	■ 전시학습 상기 소개하는 말을 듣고 적극적으로 반응하는 방법 이야기하기 ■ 동기유발 숨어 있는 인물 찾기	5′ (5′)	★플래시 (알쏭달쏭)

도입	학습문제 확인	소개하는 말을 듣고 적극적으로 반응해 봅시다.	1′ (6′)	
	학습활동 안내	■ 학습활동 안내하기 (활동 1) 피노키오와 대화하기 (활동 2) 소개하기 놀이하기	1′ (7′)	
전개	학습 활동 1	■ 피노키오와 대화하기 – 피노키오 소개 듣고 알게 된 점 이야기하기 – 피노키오와 대화할 내용 적어 보기 – 짝과 함께 읽어 보기	13′ (20′)	
	학습 활동 2	■ 소개하기 놀이하기 – 소개할 인물 만들어서 소개하기 놀이 준비하기 – 소개하기 놀이하기	15′ (35′)	
정리	정리 하기	■ 학습내용 정리하기 – 학습활동 느낌 이야기 나누기 ■ 다음 차시 안내 – 다음 시간에는 적극적으로 반응하며 소개하는 말 듣기를 공부하도록 하겠습니다.	5′ (40′)	

■ 본시 평가계획(교사 관찰평가 및 자기평가)

성취수준	평가 기준			평가 방법
	상	중	하	
소개하는 말을 듣고 적극적으로 반응할 수 있다.	소개하는 말을 듣고 적극적으로 반응하며 소개도 적극적으로 잘한다.	소개하는 말을 듣고 적극적으로 반응한다.	소개하는 말을 듣고 적극적으로 반응하지 못한다.	관찰

4. 배움 속에서 성장하는 아이들

2차 수업에서 아이들은 모둠원들과 함께 의논하여 소개하기 놀이를 재미있고 적극적으로 하는 모습을 보여 줬다. F학생도 나의 우려와는 다르게 아주 성실하게 짝활동이나 모둠활동에 참여하였다. 다만, 주도성이 부족하여 짝의 도움을 받기도 하였으나 앞에 나와 발표하는 과정에서 "너는 무엇을 좋아하니?"라는 질문에 "나는 소머리국밥을 좋아해."라는 대답으로 수업에 참여한 모든 사람들의 웃음을 자아내기도 하였다. 사회적 적응력이 약한 F학생이 친구들과 어울리며 학습문제를 해결하는 모습은 내가 수업에서 바라는 모둠학습의 모습이었다. 모둠원 서로가 각자의 역할을 다하며 서로의 부족한 면을 채워 주는 긍정적인 모둠학습의 단면이라고 생각한다.

두 번의 수업 공개를 하고 우리 반 학생들의 수업 속 모습을 협의하면서 '지난 2년 동안 우리 아이들이 배움 속에서 많이 성장하였구나.'라는 사실을 느낄 수 있었다. 변하지 않는 것처럼 보여 나를 끊임없이 고민하게 했던 지난 2년의 시간이 실은 미미하게 변화해서 변하지 않는 것처럼 느껴졌을 뿐 아이들은 계속 조금씩 긍정적인 모습으로 성장하고 있었다. 우리 아이들의 배움 속에서의 성장은 노력은 결코 배반하지 않는다는 것을 느끼게 해 주었다. 그리고 나 또한 그 아이들과 함께 성장하였을 것이라 믿는다.

5. 10년의 법칙 - 앞으로의 10년을 향한 첫걸음

교직에 처음 발을 내딛었을 때 선배 선생님께서 해 주셨던 말씀이 생각 난다. "선생님, 제가 뒤돌아보니 어떤 한 분야를 10년쯤 꾸준히 하면 그 부분에 대해 전문가가 되는 것 같더라구요. 선생님도 선생님께서 관심 있는 분야를 잘 선택해서 10년만 투자해 보세요. 지나고 나면 10년 세월 금방 입니다."

실제로 한 사람이 정상의 자리에 오르기까지 필요한 10년의 법칙이라는 것이 있다. 10년! 길다면 길고 짧다면 짧은 시간인 것 같다. 나도 어느덧 교직에 발을 딛은 지 8년이 되어 간다. 처음 발령받은 때가 엊그제 같은데 벌써 8년이란 시간이 지나갔다. 지난 8년은 내가 관심이 있는 분야가 무엇인지도 정확히 모른 채, 그리고 어떻게 무엇을 연마해야 할지도 모른 채 흘러갔다. 그러나 수곡에서의 지난 2년의 시간 동안 교육에 대해 많이 생각하고 고민하면서 내가 관심 있는 분야가 무엇인지 방향을 알게 된 것 같다.

처음 교사로서 첫걸음을 내딛었을 때의 초심으로 돌아가 토토가 추억하고 그리워하는 도모에 학원의 선생님들처럼 학생들의 개성을 존중하고 가르쳐서 깨닫는 것보다 자연스럽게 몸으로 익혀 가는 교육을 하는, 학생들이 스스로 성장할 수 있는 배움을 주는 수업을 하는 그런 교사가 되도록 앞으로 노력해야겠다. 그래서 따뜻한 손을 가진 아이들에게 좋은 선생님이 되고 싶다. 아이들과 함께 웃으면서 아이들의 가슴속에서 살 수 있는 좋은 선생님이 되고 싶다.

　10년 후 교사로서의 나의 모습이 궁금해지고 기대된다.

제**10**장

이 아이를
어떻게 할 것인가?
-학생·수업 중심의 학교운영 시스템-

❖ 수곡초등학교장 전수환

제**10**장 이 아이를 어떻게 할 것인가?
– 학생·수업 중심의 학교운영 시스템 –

❖ 수곡초등학교장 전수환

1. 왜 가르치고 배우는가?

올해 내 아이는 만 일곱 살이 되어 초등학교에 입학한다. 손이 귀한 집안이라서, 그리고 만년에 낳은 늦둥이라 귀하게만 키웠는데 걱정이 앞선다. 다른 아이들을 비교하여 보면, 읽기나 셈하기, 쓰기 등이 매우 부족한 편이다. 혹시 '우리 부모 잘못 때문에 내 아이가 다른 아이보다 뒤떨어지지 않는가?' 하는 괜한 양심의 가책이 나를 짓누른다. 학교에서 개설한 신입생 예비 학부모 교실도 참석해 이것저것 알아보지만 신통하지 않다. 어떻게 하면 내 아이가 다른 아이들과 잘 어울리면서 학교생활을 잘할 수 있을까?

❝ 이 아이를 위해 학교에서는 무엇을 할 것인가? ❞

오늘 나는 엄마 아빠와 함께 교장실에 갔다. 유치원에 다니면서 교장 선생님을 몇 번 본 적이 있지만 이렇게 가까이에서 마주 대하는 것은 처음이다. 우리 부모님과 교장 선생님께서 말씀하신 것을 들어 보았지만 도대체 무슨 이야기를 하는지 잘 모르겠다. 부모님께서는 내가 학원에 다닌 적도 없고 글자도 모르며, 더구나 말도 잘 못한다는 등 나를 무시하는 듯한 말씀을 하는 것 같았다. 교장 선생님은 눈이 단춧구멍보다 더 작아 웃으면 눈이 보이질 않는다. 머리는 그렇게 희지 않아 우리 할아버지보다 나이가 좀 어린 것 같았다. 그래도 용기를 주신 분은 교장 선생님이시다. "학교와 마을에서 철수는 아주 소중한 존재입니다. 철수가 나중에 자라서 학교와 마을에서 훌륭한 일꾼이 되었으면 좋겠습니다. 철수가 우리 학교에 입학한 것을 진심으로 축하합니다."

철수는 할아버지, 아버지, 어머니, 여동생 5명과 함께 마을 뒷산 제일 높은 곳에서 산다.

할아버지는 몸이 불편하여 농사를 못해 늘 약을 드시고, 아버지는 잘 모르겠지만 농사일을 하다가 쉴 때면 정읍에서 가끔 일하는 것 같았다. 엄마는 우리 집 근처의 밭일을 하기도 하고 남의 일을 할 때도 많다. 여름에는 시원하지만 겨울에 찬바람이 불면 아랫마을 다니기가 매우 불편하다. 매일 아침 발 밑을 보면 마을 동네, 학교, 교회, 축사, 시냇가, 논, 밭이 작은 점처럼 보인다. 유치원에 다닐 때는 좀 늦으면 아빠가 오토바이로 늘 데려다 주셨다. 집에 갈 때에는 여동생과 함께, 논길의 벼이삭들을 훑어 비벼 먹기도 하고, 시냇물에서 장난치거나 복분자를 몰래 따 먹으면서 다녔다. 그리고 학교에 가지 않는 날에는 동생하고 텔레비전을 보거나 산에서 막대기로 놀기도 하고 엄마 일을 도와드리기도 한다. 거의 여동생과 둘이서 있을 때가 많다.

철수는 읽기능력이 뒤떨어지고, 독해력은 아주 부족하며, 수계산능력도 매우 뒤떨어진다. 마을에서도 떨어져 살기 때문에 친구들과의 관계도 전무한 상태이며, 가끔 마음에 들지 않으면 스스로 분을 참지 못해 발로 땅이나 나무를 찬다. 그리고 머리를 몹시 흔들기도 한다. 수업시간에는 집중을 하지 못하고 남의 탓을 잘한다. 여동생도 말을 듣지 않으면 폭언이나 폭행을 할 때도 있다. 이러한 행동의 원인은 경제적으로 안정되지 못한 부모의 교육적 가정환경이나 태도에서 유추할 수 있다.

학교에서는 이러한 교육적 환경, 그리고 인지적ㆍ정서적ㆍ행동적 측면을 진단하고 다음과 같은 철수를 위한 맞춤형 핵심역량을 선정한다.

첫째, 철수에게 남을 배려하는 능력을 길러 준다(타인배려능력).

둘째, 남을 배려하는 능력이 길러지면서 자신을 관리하는 능력도 키운다(자기관리능력).

셋째, 자기관리능력으로 학습에 흥미를 느끼게 되어 자연스럽게 문제해결능력도 신장시킨다(문제해결능력).

넷째, 가족, 친구와 잘 어울리도록 민주시민으로서 지녀야 할 태도와 역량을 키운다(민주시민능력).

❑ 1차적으로 철수를 위한 각종 검사 실시
　• 심리검사: 지능검사, 사회성검사, 사회적응력검사, 주의력집중도 검사 등

- 인지도검사: 읽기 정도, 쓰기 정도, 독해력 정도, 셈하기 정도 등
- 사회관계검사: 친구관계, 부모관계, 형제관계 등

❑ 2차적으로 진단에 따른 철수 개인 프로필 작성
- 가족관계
- 교육환경
- 경제적 능력
- 각종 심리검사결과
- 맞춤형 네 가지 핵심역량수준

이에 따른 철수에 길러야 할 핵심역량에 대한 세부능력을 선정한다.

❑ 타인배려능력을 위한 하위능력 선정
- 상호존중능력
- 의사소통능력

❑ 자기관리능력을 위한 하위능력 선정
- 계획수립능력
- 자율실천능력

❑ 문제해결능력을 위한 하위능력 선정
- 과제설정능력
- 과제해결능력

❑ 민주시민능력을 위한 하위능력 선정
- 이질집단조정능력
- 생태 · 문화감수성

2. 철수에게 기본적으로 제공하는 학교복지사업

학교에서는 철수가 학교생활을 잘 하기 위해 여러 가지 방법을 시행한다.

첫째, 등하굣길에 마을버스를 배치하여 교통안전사고 예방에 힘쓴다.

둘째, 건강한 생활을 위해 친환경급식, 중간 자유놀이시간 운영, 아침 운동장 돌기, 체험주간을 운영한다.

셋째, 읽기 능력을 신장하기 위하여 도서실을 개방하였다. 특히 국어와 수학의 기초학습을 기르기 위해 오후에 학습보조교사를 배치한다.

넷째, 기본학습활동에 필요한 각종 학습준비물을 구입하여 제공한다.

다섯째, 기본학습을 보충하기 위해 방과 후 활동의 주산시간, 오후 돌봄교실의 미술, 온종일 돌봄교실의 독서시간을 운영한다.

여섯째, 친구들과의 상호 존중하는 능력을 기르기 위해, 텃논·밭 활동,

사육장 활동, 연못활동, 연날리기 등을 운영한다.

일곱째, 학교, 가정에서 지켜야 할 민주시민의 자질을 육성하기 위해 다모임을 운영한다.

여덟째, 자연을 닮은 인성을 기르기 위해 각종 농산촌 체험, 즉 봉숭아 물들이기, 낚시체험, 숲 속 트레킹, 김장체험, 모과차 만들기, 메주 만들기 등을 실시한다.

3. 교사는 철수를 위해 무엇을 어떻게 가르치고 배우게 할 것인가?

교사는 철수의 네 가지 역량(여덟 가지 하위능력)을 기르기 위해 어떤 내용과 방법으로 수업을 할 것인가?

1 철수의 네 가지 핵심역량을 기르기 위한 수업시수는 다음과 같다.

– 철수에 필요한 핵심역량을 선정하고 이에 따른 수업은 주제통합수업으로 하고, 그 외는 일반교과수업으로 한다. 주제통합수업에 따른 중심교과를 선정하여 이와 관련된 교과의 내용을 통합한다. (예시: 경기 서정초등학교)

지도기간	주제통합수업 / 일반교과수업	핵심능력	국어	수학	바생	슬생	즐생	창의적 체험활동				계	관련 체험 학습
								자	동	봉	진		
3.8.~ 4.13.	즐거운 학교	자기관리 능력			4	6	12					57	
			8	9					7	11			
4.14.~ 4.30.	자연아 놀자	타인배려 능력			10	12	12					52	
			5	6					7				

5.2.~6.11.	함께 풀어요!	문제해결능력	10	8	33				129	
			44	23		6	1	4		
6.13.~7.19.	자연과 같이	민주시민능력	4	4	6	16	15		122	여름행복학교
			37	18		11		1		

2-1 철수의 자기관리능력을 기르기 위한 수업진도표는 다음과 같다.

주제	핵심역량	교과	총차시	단원성취수준	관련교과	차시	학습목표	수행평가		
								내용	방법	시기
즐거운 학교	자기관리능력	바른생활	4	규칙 지키고 실천하기	즐생 슬생	2	• 친구와 함께 학교생활 살피기 • 학교 주위에서 볼 수 있는 것 이야기하기			
					즐생	1	• 친구의 움직임을 따라 창의적인 신체표현			
					바생	1	• 학교규칙 알고 지키기			
		슬기로운 생활	6	학교 주변 교통 안전 지키기	바생	1	• 실내 생활규칙 지키기			
					바생	1	• 실외 생활규칙 지키기			
					즐생	2	• 전래동요 따라 부르며 익히기 • 남생이 등딱지를 창의적으로 표현하기			
		즐거운 생활	12	전래동요를 장단에 맞추어 신체로 표현하기	즐생	1	• 남생이 놀이 방법과 규칙에 맞게 놀이하기			
					즐생	2	• 간단한 장단에 맞추어 몸을 움직이기			
					슬생	1	• 학교 안에서 볼 수 있는 것 찾기			
					슬생	1	• 학교 오는 길에서 본 것 말하기			
					슬생	1	• 학교 앞 신호등과 교통표지 살펴보기			

즐거운 학교	자기 관리 능력	즐거운 생활	12	전래 동요를 장단에 맞추어 신체로 표현 하기	슬생	1	• 안전하게 횡단보도를 건너가기	건너기	실기	4월 2주
					슬생	1	• 규칙을 지키며 교통안전 놀이하기			
					바생	1	• 학교규칙을 잘 지켰는지를 되돌 아보기	지키기	문항	4월 2주
					슬생	3	• 학교규칙에 관한 작은 책 만들기			
			22			22				

2-2 철수의 자기관리능력–자율실천능력을 기르는 교수 · 학습 과정은 다음과 같다.

바른생활 교수 · 학습 과정안

- 핵심역량: 자기관리능력–실천평가능력
- 단원: 즐거운 학교
  - 차시: 20/22차시
  - 학습주제: 학교생활 규칙 돌아보기
  - 지도 대상: 수곡초등학교 ○학년 ○명(남 ○명, 여 ○명)
  - 지도교사: ○ ○ ○
- 지도일시: 201○. ○. ○ (목) ○교시

■ 교수 · 학습활동

단계	학습내용	교수 · 학습활동	시간	비고
도입	전시학습 상기 및 동기유발	■ 전시학습 상기 교통안전 놀이에서 기억에 남는 것 이야기하기 ■ 동기유발 '교통사고 장면' 보여 주기 – 규칙을 지키지 않을 때 일어날 수 있는 상황인식	6′ (6′)	★교통 사고 장면 자료
	학습문제 확인	학교규칙을 잘 지켰는지를 되돌아봅시다.	1′ (7′)	
	학습활동 안내	■ 학습활동 안내하기 (활동 1) 학교 안에서 지켜야 할 규칙에 대한 토론평가 (활동 2) 학교 밖에서 지켜야 할 규칙에 대한 토론평가 (활동 3) 학교 안과 밖의 규칙에 대한 토론평가를 중심으로 체크리스트 작성하기	1′ (8′)	
전개	학습 활동 1	■ 학교 안에서 지켜야 할 규칙에 대한 토론평가 – 실내생활에서 규칙: 교실, 복도, 화장실, 식생활관 – 실외생활에서 규칙: 운동장, 놀이터, 여울정	10′ (18′)	
	학습 활동 2	■ 학교 밖에서 지켜야 할 규칙에 대한 토론평가 – 마을 및 정읍 버스 안에서 규칙 – 도로 또는 횡단보도에서 규칙	10′ (28′)	
	학습 활동 3	■ 학교 안과 밖의 규칙에 대한 토론평가를 중심으로 평가문항 작성하기	7′ (35′)	★ 학습지, 색연필
정리	정리 하기	■ 학습내용 정리하기 계획과 실천에 대한 이야기 나누기 – 실천과 평가에 대한 이야기 나누기 ■ 다음 차시 안내 – 다음에는 규칙에 관한 작은 책을 만들어 보겠습니다.	5′ (40′)	

■ 평가문항(5단계 – 매우 못함, 못함, 보통, 잘함, 매우 잘함)

문항	평가내용	자율실천평가
1	규칙을 지킬 이유에 대해 알고 있는가?	
2	규칙을 지키지 않으면 어떤 일이 벌어지는가?	
3	학교 안에서 지킬 규칙을 알고 실천하였는가?	
4	학교 밖에서 지킬 규칙을 알고 실천하였는가?	
5	규칙을 지키는 데 어려운 점은 무엇인가?	

3-1 철수의 민주시민능력을 기르기 위한 수업진도표는 다음과 같다. 여름행복학교의 주제에 따른 핵심역량을 선정하여 중심 교과의 성취수준을 제시하고 이에 따른 관련 단원에서 교과내용을 추출하여 운영하였다. (예시: 전북 수곡초등학교)

주제	핵심역량	교과	총차시	단원 성취수준	관련교과	차시	학습목표	수행평가 내용	방법	시기
자연과 같이 (여름행복학교)	생태 · 문화 감수성	국어	4	여러사람 앞에서 자신 있게 말하기	국어	2	• 조별 극본 준비하기 • 조별 극본 연습하기 – 흉내 내는 말에 대하여 알기			
					국어	2	• 조별 최종 연습하기 • 여러 사람 앞에서 자신 있게 연극하기			
		즐생	16	여름철 건강하고 안전하게 지내기	즐생	7	• 물놀이 테마놀이 하기 – 여름철의 날씨의 특징 – 여름을 건강하게 지내는 방법 – 여름 노래 부르기 – 공공장소에서 지킬 일을 알고 실천하기			

자연과 같이 (여름행복학교)	생태·문화감수성	즐생	16	여름철의 산과 들에서 볼 수 있는 생물과 무생물, 동물과 식물을 구분하며, 무궁화를 관찰하며 사랑하기	슬기 즐생	7 9	◎ 여름철의 산과 들 * 내장산의 푸른 숲과 함께! • 생물을 동물과 식물로 무리 짓기 • 동식물의 특징이 드러나게 환경 용품 만들기 * 내장산과 함께하는 녹색체험 • 여름철과 열매의 생김새와 특징 살펴보기 • 내장산 멸종위기 식물 알아보기 • 동물과 식물 세상 이야기 • 내장산 단풍나무 이야기 * 숲에서 즐기고 배우자(에코엔티어링)		
		창체	15	여러 가지 색을 이용하여 색과 관련된 이야기 하기	자율	4	• 푸름이 이동환경교실 체험하기		
					자율	4	• 동식물 주제 정하기 • 동식물을 넣어 염색 티셔츠 만들어 입기		
					자율	4	• 자연환경을 주제로 도자기 체험하기		
					자율	3	• 단풍잎–삼강공예 체험하기	전시	관찰
			35			35			

3-2 철수의 민주시민능력 – 생태·문화감수성 – 을 기르기 위한 교수·학습 과정안은 다음과 같다.

슬기로운 생활 교수·학습 과정안

■ 핵심역량: 민주시민능력–생태·문화감수성

■ 단원: 자연과 같이
  • 차시: 12/35차시
  • 학습주제: 생물을 동물과 식물로 무리 짓기
  • 지도 대상: 수곡초등학교 ○학년 ○명(남 ○명, 여 ○명)
  • 지도교사: ○○○
■ 지도일시: 201○. ○. ○. (목) ○교시
■ 교수 · 학습활동

단계	학습내용	교수 · 학습활동	시간	비고
도입	전시학습 상기 및 동기유발	■ 전시학습 상기 여름철 물놀이에서 기억에 남는 것 이야기하기 ■ 동기유발 〈내장산을 오게 된 느낌〉 – 내장산에는 무엇이 있을까? – 우리 주위는 생물과 무생물로 이루어졌는데 생물은 또 무엇으로 이뤄졌을까?	6′ (6′)	★내장산 현장
	학습문제 확인	내장산을 걸으면서 동물과 식물을 찾아 이야기하여 봅시다.	1′ (7′)	
	학습활동 안내	■ 학습활동 안내하기 (활동 1) 내장산을 걸으면서 느낀 점 (활동 2) 살아 있는 것과 죽어 있는 것 찾아보기 (활동 3) 살아 있는 것 중에서 제자리에 있는 것과 옮겨 다니는 것 찾아보기	1′ (8′)	
전개	학습 활동 1	■ 내장산을 걸으면서 느낀 점 – –	10′ (18′)	
	학습 활동 2	■ 움직이는 것과 움직이지 않는 것 찾아보기 – 살아 있는 것(생물) : – 죽어 있는 것(무생물) :	10′ (28′)	
	학습 활동 3	■ 생물 중에서 제자리에 있는 생물과 옮겨 다니는 생물 찾아보기 – 식물 : – 동물 :	7′ (35′)	★분류 · 전시 · 설명하기

정리	정리 하기	■ 학습내용 정리하기 　동물 노래 부르기 　– 식물 노래 부르기 ■ 다음 차시 안내 　– 동식물의 특징이 드러나는 환경용품 　　만들기	5′ (40′)	

■ 평가문항(5단계–매우 못함, 못함, 보통, 잘함, 매우 잘함)

문항	평가내용	자율실천평가
1	내장산을 보고 듣고 난 느낌은?	
2	살아 있는 것과 죽어 있는 것을 무엇이라고 하나요?	
3	살아 있는 생물 중에서 제자리에 있는 생물과 옮겨 다니는 생물은 무엇이라고 하나요?	
4	동식물을 무리 지을 수 있나요?	
5	동물과 식물을 무리 지어 설명할 수 있나요?	

4 　프로젝트 학습 Project-based Learning(예시: 독일 Helene Lange School)

■ 프로젝트 유형

- A형 프로젝트: 교사 중심의 프로젝트 수업 10주(Teacher-Based Project)
- B형 프로젝트: 개인 중심의 프로젝트 학습 8주(Free-Parter-Based Project)
- C형 프로젝트: 팀 중심의 프로젝트 학습 5주(Full-Time-Based Project)

■ A형 프로젝트 수업(교과 또는 창의적 체험활동 통합)

- 대상 5~10학년
- 교사의 Teamwork 중심의 새로운 교수·학습 방법
- 교사들의 사전준비 철저
- 호기심을 유발하는 주제 선정

- 5학년: 우리 학교, 지구축의 방향
- 6학년: 석기시대, 숲 프로젝트, 고대 원시 체험
- 7학년: 중세시대의 유물, 물 생태, 정치역사, 과학
- 8학년: 시냇물 생태조사, 갯벌체험, 동굴체험, 수학여행 프로젝트, 예술체험 프로젝트
- 운영 방법: 교과주제통합(교과), 자유주제 선정(창체)

■ B형 프로젝트 학습(교과통합 또는 창의적 체험활동이나 방과 후와 연계)
- 학생 개인 또는 짝 프로젝트
- 자유주제 선정: 자유로운 호기심, 어려운 과제
- 학생전문가
- 보고서: paper, ppt, 전시

■ C형 프로젝트 학습(교과통합, 창의적 체험활동이나 방과 후 연계, 동아리 형태)
- 팀 또는 반 별 프로젝트
- 반 공동의 프로그램
- 반 공동의 문제해결, 예술창작
- 보고서: 발표(전시, 연극, 음악, 미술 등)

4-1 철수의 문제해결능력 신장을 위한 A형 프로젝트 수업(예시: 남대구초등학교)
■ 프로젝트 계획 수립-국가교육과정 이해하기
■ 학생실태 이해하기-프로젝트 주제 선정의 이유-핵심능력(문제해결능력)
■ 핵심개념 추출-주제 선정하기

■ 국가교육과정 및 학년, 교과교육과정을 분석하여 학생실태에 맞게 핵심능력과 핵심개념을 추출하여 주제를 선정하였으며, 이에 따른 관련 교과내용을 추출·통합하여 지도하였다.

■ 지도계획

주제	나	월/주	
소주제	환경		
교과 및 단원	슬생 1. 봄나들이(7-12/12) 2. 안전하게 지내요(1-8/8) 즐생 3. 들로 산으로(1-8/8) 5. 아름다운 우리 마을(1-6/6) 6. 날아라 하늘로(3-5/5) 바생 3. 현장체험학습 가는 날(1-4/4)	차시	35

차시	주요 학습 내용 및 활동	관련 교과	준비물
1-2	• 가족 소개하기 • 가족 소개할 내용 정하여 꾸미기	슬 1. 봄나들이(7-8/8)	물감, 색종이 등
3-4	• 내가 다니는 학교, 반 소개하기	즐 3. 들로 산으로(1-2/8)	
5	• 안전한 학교생활 알아보기	즐 3. 들로 산으로(3/8)	
6-8	• 친구 소개하기 • 친구 얼굴 그리기	슬 1. 봄나들이(9-11/12)	
9-13	• 동네에서 지킬 일 알아보기	즐 3. 들로 산으로(4-8/8)	학교 밖
14	• 현장체험학습 마인드맵 그리기	즐 3. 날아라 하늘로(3/5)	
15-16	• 현장체험학습 시 교통안전 이야기	바 3. 현장체험학습 가는 날 (1-2/4)	

차시	활동 내용	교과	단원 및 차시	준비물
17-20	• 현장학습 장소에서 볼 수 있는 동식물 및 환경요소를 관찰하고 기록하기 • 자연을 보호하고 쓰레기 되가져 오기	바/슬	3. 현장체험학습 가는 날 (1-2/4) 1. 봄나들이(12/12) 6. 날아라 하늘로(4/5)	필기구, 비닐봉지
21	• 현장학습 후 잘된 일과 노력해야 할 일 알기	즐	6. 날아라 하늘로(5/5)	
22	• 학교 오는 길 마인드맵 그리기	즐	2. 안전하게 지내요(1/8)	
23	• 마을 뒷산에 올라 학교 주변 살피기	슬	5. 아름다운 우리 마을(1/6)	학교 뒷산
24-27	• 학교 주변의 큰 건물 만들기	즐	5. 아름다운 우리 마을 (2-5/6)	학교 뒷산
28	• 교통표지판에 대해 알아보기	즐	2. 안전하게 지내요(2/8)	
29-32	• 교통안전 표지판 만들기	즐	2. 안전하게 지내요(2/8)	다양한 준비물
33	• 우리 마을의 건물과 표지판을 운동장에서 배치하고 마을의 모습 이야기	즐	5. 아름다운 우리 마을(6/6)	
34	• 교통안전 네거리놀이 하기	즐	2. 안전하게 지내요(7/8)	표지판
35	• 네거리놀이 후 반성하기	즐	2. 안전하게 지내요(8/8)	
시수	바 4 슬 6 즐 25		계	35

철수의 문제해결능력을 기르기 위한 교수·학습 과정안은 다음과 같다.

즐거운 생활 교수·학습 과정안

■ 핵심역량: 문제해결능력-과제해결능력
■ 단원: 나(환경)

- 차시: 9/35차시
- 학습주제: 우리 마을의 유래
- 지도 대상: 수곡초등학교 ○학년 ○명(남 ○명, 여 ○명)
- 지도교사: ○○○

■ 지도일시: 201○. ○. ○ (목) ○교시

■ 교수·학습활동

단계	학습내용	교수·학습활동	시간	비고
도입	전시학습 상기 및 동기유발	■ 전시학습 상기 이 친구 얼굴을 보면 행복해 보이나요? ■ 동기유발 '우리 학교와 마을 이름의 유래' – 수곡초등학교의 수곡의 이름은 어떻게 만들어졌을까? – 우리 마을의 이름은? 뜻은? 혹시 더 궁금한 것은 없을까?	6′ (6′)	★필기 도구
	학습문제 확인	우리 마을의 이름과 뜻에 대하여 알아보자	1′ (7′)	
	학습활동 안내	■ 학습활동 안내하기 (활동1) 마을 탐방 (활동2) 마을 이름에 대한 특징이 있는 곳 찾아보기 (활동3) 마을의 유래에 대해 어른에게 물어보기	1′ (8′)	
전개	학습 활동 1	■ 마을을 걸으면서 느낀 점 – –	10′ (18′)	
	학습 활동 2	■ 마을의 특징이 있는 곳 – –	10′ (28′)	
	학습 활동 3	■ 마을 어른에게 물어보기 – 이름: – 뜻:	7′ (35′)	
정리	정리 하기	■ 학습내용 정리하기 오늘 무엇을 공부하려고 했는가? – 그 해답은 찾았나요? ■ 다음 차시 안내 – 마을 농사 종류 알아보기	5′ (40′)	특징을 그림으로 표현

■ 평가문항(5단계-매우 못함, 못함, 보통, 잘함, 매우 잘함)

문항	평가내용	자율실천평가
1	마을 탐방을 하고 난 느낌은?	
2	마을의 이름은?	
3	마을 이름을 나타내는 특징은? 있는 장소는?	
4	마을 어른들과 이야기하여 알아낸 점?	
5	마을의 이름을 그림으로 표현할 수 있나?	

4-2 문제해결능력 신장을 위한 철수의 B형 프로젝트 학습

■ 예상 주제

나는 무엇이 되고 싶어요 / 나는 무엇을 알고 싶어요 / 나는 무엇을 하고 싶어요.

■ 철수는 식물과학자가 되고 싶습니다. 그래서 우리 학교 주변에 있는 봄, 여름, 가을, 겨울에 피는 꽃을 조사하고 싶습니다.

■ 주제: 나는 우리 학교의 꽃 박사!

■ 활동계획

주제	나는 우리 학교의 꽃 박사	월/주		
소주제	꽃			
교과 및 단원	국어, 수학, 통합교과, 창의적 체험활동, 방과 후	차시		
차시	주요 학습 내용 및 활동	관련 교과		준비물
1	생물과 무생물			

		통	국	수	창체	방과 후
2	생물과 무생물의 특징					
3	동식물					
4	동물과 식물의 특징					
5	식물의 종류					
6	꽃의 특징					
7	꽃의 종류					
8	봄에 피는 꽃					
9	여름에 피는 꽃					
10	가을에 피는 꽃					
11	겨울에 피는 꽃					
12	그림 또는 사진첩 만들기					
13	전시회					
시수		통	국	수	창체	방과 후

4-3 문제해결능력 신장을 위한 철수의 C형 프로젝트 학습

■ 예상 주제: 우리 팀 또는 반에서

무엇을 배우고 싶은가? - 무엇을 조사하고 싶은가? - 어떤 문제를 해결하고 싶은 것인가?

■ 철수 반(팀)에서는 연못과 숲 생태계에 대하여 알고 싶습니다. 영어 연극을 하고 싶습니다. 현악기를 연주하여 발표하고 싶습니다. 마을 사람들의 사는 모습을 탐사하고 싶습니다. 교통이 불편한 문제점을 조사하여 해결하고 싶습니다. 칠보면에 있는 문화재를 알고 싶습니다. 칠보섬진강 수력발전소의 원리를 조사하고 싶습니다.

■ 주제: 학교 연못과 숲 생태계 조사

주제	우리는 연못과 숲 나라에 사는 천사		월/주	
소주제	연못과 숲 생태			
교과 및 단원	국어, 수학, 통합교과, 창의적 체험활동, 방과 후		차시	
차시	주요 학습 내용 및 활동		관련 교과	준비물
1	연못생태계란?			
2	우리 학교 연못에 사는 동식물			
3	연못 바닥 식물의 특징			
4	수상 식물 특징			
5	수중 식물의 특징			
6	연못 진흙 속에 사는 동물의 특징			
7	물 속과 밖에 떠다니며 사는 동물의 특징			
8	물 속에서 먹고 먹히는 관계			
9	연못 생태계가 주는 좋은 점			
10	숲 생태계란?			
11	학교 숲에서 자라는 동식물			
12	숲에서 자라는 동물의 특징			
13	숲에서 자라는 식물의 특징			
14	숲에서 먹고 먹히는 관계			
15	숲 생태계가 주는 좋은 점			
16	발표자료 만들기			
17	발표회			
시수	통 국 수		창체	방과 후

지금까지 철수를 위하여 학교에서 할 수 있는 일을 알아보았다.

첫째, 철수는 지금 어떤 모습인가를 진단하였다.

둘째, 이를 위해 다양한 심리검사를 실시하여 개인 프로필을 작성하였다.

셋째, 그 결과 철수를 위한 학교복지 프로그램을 운영하였다.

넷째, 특히 철수에 필요한 능력을 수업을 통하여 어떻게 길러 내야 할 것인가를 제시하였다.

- 핵심역량을 길러 내야 할 주제를 정하여 중심 교과의 성취수준을 제시하고 이에 따른 관련 교과내용을 분석 · 통합하여 지도계획을 수립하여 수업을 전개하였다.
- 여름행복학교 주제인 '자연과 같이'에 따른 중심 교과의 성취수준을 제시하고 이에 따른 관련 교과내용을 분석 · 통합하여 지도계획을 수립하여 수업을 전개하였다.
- 프로젝트 A 수업유형을 소개하고 이에 따른 지도계획을 수립하여 수업을 전개하였다.
- 프로젝트 B 학습유형을 소개하고 이에 따른 학습을 전개하였다.
- 프로젝트 C 학습유형을 소개하고 이에 따른 학습을 전개하였다.

4. 제대로 가르치고 배우고 있는가?

이제는 철수에게 필요한 능력이 길러졌는가에 대한 평가를 실시하였다.

철수에 필요한 타인배려능력, 문제해결능력, 자기관리능력, 민주시민능력이 신장되었는가를 가르치고 배운 내용과 방법을 중심으로 평가하였다.

철수에게 가르친 교과내용과 방법을 실기, 체크리스트, 지필, 서술, 관찰, 논술, 수행 등의 평가 방법으로 학생들은 무엇을 알고 있는가? 무엇을 모르고 있는가를, 교사는 철수를 위한 내용과 방법으로 제대로 가르쳤는가를 파악하여 다음 학교교육과정 및 개인 프로필 작성에 필요한 기초자료로 활용하였다.

5. 철수를 위해 학교를 어떻게 운영할 것인가?

마지막으로 철수에 필요한 핵심역량의 신장을 위한 '학생과 수업 중심의 학교운영 시스템'을 어떻게 조직하고 운영할 것인가?

첫째, 모든 행·재정적인 지원은 학생에 중심을 두어야 한다.
즉, 학생이 바로 학교의 주인이다. 모든 논의의 주제는 학생의 활동 모습이어야 한다.
둘째, 따라서 교사는 가르치는 일이 핵심이며, 수업에 충실하도록 철저한 준비를 해야 한다.
셋째, 교사가 학생을 가르치는 일에 충실하도록 행·재정적인 지원을 아끼지 말아야 한다.
- 가정처럼 포근하고 따뜻한 교실이 되도록 지원한다.
- 매일매일 교사가 수업을 준비할 절대시간 1~2시간을 확보한다.
- 이러한 절대시간을 확보하기 위해서는
  - 행사, 공문, 업무에 필요한 보조교사를 채용한다.
  - 다음 수업에 필요한 학습자료를 제작하는 보조교사를 채용한다.
  - 개인지도가 필요한 친구들을 위해 보조교사를 채용한다.
  - 긴급공문은 공문전담팀을 구성하여 처리하도록 한다(교장, 교감,

교무실무사 등).
  - 불필요한 지시나 명령, 회의나 출장, 잡무나 개인용무 등을 억제
    한다.
넷째, 시설, 교구, 교재, 기자재, 특별실은 교사의 수업을 위해 설치·구
입·운영해야 한다.
  - 교육과정의 운영에 필요한 연못, 사육장, 텃논·밭, 숲을 교재화해야
    한다.
  - 학생들의 학습에 필요한 가능한 모든 기자재를 구입해야 한다.
  - 학생들의 학습에 필요한 시설이나 교구, 교재를 구입해야 한다.
  - 학생들의 학습에 필요한 학습준비실, 실습실을 마련해야 한다.
  - 교사들의 수업에 필요한 보건실, 도서실, 컴퓨터실, 과학실은 정비되
    어야 한다.
다섯째, 따라서 모든 학교회계는 교육과정의 우선순위에 따라 정책예
산을 세워야 한다.
여섯째, 학교와 학부모 및 지역사회는 교육의 파트너로서 상호 존중되
어야 한다.
  - 지역사회의 물적·인적 자원을 과학적으로 관리하여 교육과정에 투
    입해야 한다.
  - 학교운영위원회와 학부모는 교육공동체의 구성원으로 학교교육과
    정 및 예·결산에 적극 참여해야 한다(학부모회활동, 재능기부, 교육과
    정소위, 예·결산소위, 급식소위 등).
  - 학부모회는 학교교육의 대상에서 주체로 그 역할과 지위를 혁신하고
    확보해야 한다.
일곱째, 학생들의 기초·기본 학력을 위한 독서토론(노력 또는 특색) 및
기초·기본 생활습관의 정착을 위한 다모임 시간을 더 확충해야 한다.

6. 더불어 행복한 사회를 향하여

한 아이를 위해 마을공동체가 협동하여 한 인재로 키우듯이, 한 사람의 낙오자도 없도록 학교공동체가 책임을 지고 교육해야 한다. 가정에서 아이들이 행복하면 부모가 행복하듯이, 교사들이 수업을 통해 학생들과 행복해지면 학교와 가정, 지역사회는 더불어 행복해질 것이다.

천호성(Cheon Hoseong)

전북대학교 사범대학 사회교육과 졸업
일본 나고야대학교 대학원 졸업(교육학 박사, 수업분석 전공)
미국 Boise State University 연구교수
교육부 국정 초등사회교과서 연구집필위원
한국일본교육학회 편집위원장
한국사회과교육연구학회 편집위원 및 운영이사
한국사회교과교육연구학회 편집위원 및 이사
한국사회과수업학회 편집위원 및 이사
전북 다문화교육 정책자문위원장
현재 전주교육대학교 사회교육과 교수

〈저서〉
수업 분석의 방법과 실제(2판, 학지사, 2014)
授業研究と授業の創造(공저, 溪水社, 2013)
다문화사회와 다문화교육(공저, 교육과학사, 2010)
희망을 가지면 아이들이 아름답다(공저, 내일을 여는 책, 1997)

〈논문〉
일본 교원연수 실시체계와 과제(2014)
세계 다문화교육의 동향 분석(2013)
다문화가정 자녀의 학교생활에 관한 연구(2012)
다문화수업모형의 개발과 적용(2012)
한국과 일본의 다문화교육 비교연구(2011)
한·일 사회과 개정 교육과정 비교연구(2011)
読解テストへの応答傾向に関する日韓比較研究(2010)
카드를 활용한 수업모형의 개발(2010)
토론수업의 활성화를 위한 수업모형의 개발(2009)
수업컨설팅을 통한 교실수업 지원 방안에 관한 연구(2008) 외 다수

공저자 소개

전수환(Jeon Soohwan)   군산교육대학 졸업, 대구대학교 졸업
한국교원대학교 교육대학원 졸업
현재 수곡초등학교 교장

김미자(Kim Mija)   전주교육대학교 졸업
전북대학교 교육대학원 졸업
현재 고창초등학교 교감

이병인(Lee Pyeong-in)   전주교육대학교 졸업
전주교육대학교 교육대학원 졸업
현재 수곡초등학교 교사

이동남(Lee Dongnam)   전주교육대학교 졸업
전주교육대학교 교육대학원 졸업
현재 수곡초등학교 교사

김현경(Kim Hyunkyung)   전주교육대학교 졸업
전북대학교 교육대학원 졸업
현재 수곡초등학교 교사

유승원(Yu Seoungwon)   전주교육대학교 졸업
전주교육대학교 교육대학원 졸업
현재 수곡초등학교 교사

양미혜(Yang Mihye)   전주교육대학교 졸업
전북대학교 교육대학원 졸업
현재 보성초등학교 교사

김길수(Kim Gilsu)   전주교육대학교 졸업
전주교육대학교 교육대학원 졸업
현재 수곡초등학교 교사

참여형 수업연구와 교사의 성장

Collaborative Lesson Study & Development of Teacher's Professionalism

2014년 8월 5일 1판 1쇄 발행
2015년 1월 20일 1판 2쇄 발행

지은이 • 천호성 편저
펴낸이 • 김진환
펴낸곳 • ㈜ **학지사**

　　　121-838 서울특별시 마포구 양화로 15길 20 마인드월드빌딩
대표전화 • 02)330-5114　　　팩스 • 02)324-2345
등록번호 • 제313-2006-000265호

홈페이지 • http://www.hakjisa.co.kr
커뮤니티 • http://cafe.naver.com/hakjisa

ISBN 978-89-997-0270-9　93370

Copyright ⓒ 2014 by Hakjisa Publisher, Inc.

정가 16,000원

인터넷 학술논문 원문 서비스 **뉴논문** www.newnonmun.com

이 도서의 국립중앙도서관 출판시도서목록(CIP)은 서지정보유통지원시스템
홈페이지(http://seoji.nl.go.kr)와 국가자료공동목록시스템(http://www.
nl.go.kr/kolisnet)에서 이용하실 수 있습니다.
(CIP제어번호: CIP2014021066)